建邺100 城市地标

卷首语
PREAMBLE

茫茫人海，苍苍大地，
人生总是在寻寻觅觅。
哪里是乐土，伊人在何处？
您一定需要新的启示录。
它在哪里？
在中国，在南京，在建邺。
就在您手中！
翻开这本书，
您会发现感兴趣的目标物。
希望我们成为伙伴，
让我们先交个朋友。
来吧，朋友，
透过这本书，
我们握握手！

Life is always on the journey of exploring,
In the sea of people and on the earth.
Where be thy paradise and people?
Thee surely need a new apocalypse.
Where thee shall find it?
In Jianye, Nanjing, China.
Just on thy hands.
Open the very book,
Thee will feast thy eyes with desires.
Hope us be pals,
Let us make friends first.
Come on, friends,
Through this book,
We shake hands!

许慧玲

南京市副市长

2006 年 12 月

前言

“建邺”一称，始于西晋。

1777年前（229），三国时期东吴孙权由南昌迁都南京，当时城名建业，为南京建都之始。51年后即西晋太康元年(280)，晋武帝司马炎平吴，废建业，复称秣陵；次年（281）以秦淮河为界，水北改称“建邺”，半字之差，取自司马氏原籍河南省邺城，乃不忘祖之意；西晋建兴元年（313），为避晋愍帝司马业名讳，建邺改称建康。

建邺作为古都南京之名，历时仅32年，但作为南京曾有过的40多个名称之一，却在漫漫历史长河中留存下来。

自有“建邺”一称1700余年之后，建邺成为南京市的一个区，东倚秦淮，西枕长江；傍南京老城，揽江心洲于怀，是为南京新城标志区。全区总面积82平方公里，总人口29万。

所谓“地标”，地面标志物之简称，地形学专用术语。其独立性、明显性和固定性都是为了方便人们查找和识别。在一座城市里，凡满足以上三大特征的地上物体，都可称做城市地标。

《建邺100·城市地标》由建邺区政府主持编纂，集权威性、指导性、观赏性、推介性、收藏性于一体，系区域综合地情资料指南，主要用于宣传、交流、招商、咨询、藏考。其地位仅次于地方志书，是一种极具实用价值的历史和文化载体。

本书综合收集了区域内100处重要的商务、企业、旅游景点、住宅区、文化体育、教育卫生、餐饮娱乐和公共事业服务设施，供投资者、游览者和居住者使用参考。

乱世制典，盛世修志 。希望我们的努力能够得到肯定和回报。

中国共产党建邺区委员会书记
2006年12月

Preface

The name "Jianye" dates back to the Western Jin Dynasty.
One thousand seven hundred and seventy-seven years ago (in the Year 229 A.D.), Sun Quan of the Wu Kingdom in the Three Kingdoms period moved his capital from Nanchang to Nanjing. The city was named Jianye (建业) at that time, when Nanjing became a capital for the first time. Fifty-one years later (in the 1st year of Tai-kang in the Western Jin Dynasty, i.e. the Year 280 A.D.), Sima Yan, Emperor Wu of the Jin Dynasty, ruined the Wu Kingdom, abrogated the capital Jianye (建业), and renamed it as Moling; next year (Year 281 A.D.), bounded by the Qinhuai River, the north of the river was changed the name into "Jianye (建邺)", which was a character difference from Jianye (建业). The name Jianye (建邺) was derived from the ancestral home of Sima family, Yecheng in Henan, which indicated his remembrance of his ancestor; in the 1st year of Jianxing of Western Jin Dynasty (in the Year 313), to avoid the name of Emperor Min of the Jin Dynasty Sima Ye, Ji-anye (建邺) was renamed Jiankang.
Jianye (建邺) has found itself the name of ancient city Nanjing for only 32 years. However, as one of more than 40 names that Nanjing has ever had, Jianye still remains over a considerable length of history.
Over 1700 years later since the name "Jianye" came into existence, Jianye has become one district of Nan-jing Municipality, leaning against Qinhuai River in the east, resting on the Yangtze River in the west, neighboring the old city of Nanjing, and embracing the Central Island. As the mark of the new Nanjing, the whole district covers a gross area of 82 square kilometers with a total population of 290 thousand.
"Landmark", the shortened form of "a mark of the land", is a topographic terminology. Its independence, visibility and fixity are to facilitate people to search and distinguish. In a city, an object on the ground that satisfies the above-mentioned characteristics can be referred to as a city landmark.
The compilation of Jianye100·City Landmark is directed by the Government of Jiangye District, assembling functions of authority, guidance, appreciation, recommendation and collection into one whole. It is a guide-book for information on the regional comprehensive local condition, mainly used for promotion, communication, business invitation, consultation and study. As a carrier of history and culture with extremely high practi-cal value, it ranks next below the local chronicles.
This book comprehensively collects information on 100 important commercial areas, enterprises, tourist re-sorts, residential quarters, cultural and sports facilities, education and sanitary facilities, restaurants and entertainment facilities, and public utility service facilities in the region, for the reference and ap-plication of investors, tourists and residences.
Decrees and regulations are often formulated in troubled times while local chronicles are often compiled in flourishing ages. We hope that our effort will receive recognition and pay off.

Lu Zhipeng
Secretary of CCP Jianye District Committee
Dec. 2006

建邺区区情简介

建邺区是南京市的主城区。东邻外秦淮河与老城相连，西隔扬子江与江北新市区相望，南迄秦淮新河与雨花台区相邻，北起汉中门大街与鼓楼区相接。下辖南湖、滨湖、兴隆、南苑、沙洲、双闸、江心洲7个街道办事处。区域总面积82平方公里，人口约29万。

建邺是一个有着深厚历史文化积淀的新城区。建邺的历史源远流长，文化底蕴十分深厚。“建邺”就取名于1800年前三国时期东吴孙权“建帝王大业”之意，为南京建都之始和六朝文化的源头。区域内，有在宋朝被誉为“江南第一湖”、在清朝被列为“金陵四十八景”之首的莫愁湖；有与四川蜀锦、苏州彩锦并称中国“三大名锦”的中华云锦；有“全国爱国主义教育基地”侵华日军大屠杀遇难同胞纪念馆。还有“全国农业旅游示范点”江心洲、可同时容纳8万余人的奥体场馆、占地77公顷既充满江南风情又富有异国景观的南京绿博园、全长17公里的滨江风光带等一批新兴旅游目的地。

建邺是一个功能完备的新城区。借2005年第十届全国运动会和首届中国国际绿化博览会之机拉开了新城框架。区域内交通便捷，已建成道路36条，总长100多公里，4条城市快速通道、5条地铁线横贯全区（2、3、4、5号线正在建设），区域南侧长江三桥建成通车，区内直达江北的过江隧道正在加紧建设之中。公共配套完善，全区规划建设80多所中小学、幼儿园，3000个床位的明基医院、全国最大的民营收藏品中心艺兰斋美术馆、占地46.7公顷的“南京国际博览中心”已启动建设。

建邺是一个面向未来蓬勃发展的新城区。作为南京市 “一城三区”发展战略中的“一城”，受到了省、市政府的高度重视，提出“举全市之力，共同打造河西新城”，“河西板块”已吸引了众多客商前来投资兴业。区域内产业优势独特，新城科技园、河西CBD、奥体滨江体育文化旅游区、会展中心四大经济板块已初具规模，其中河西CBD将建成南京现代服务业核心区。

“看古都金陵到老城，看现代化新南京到河西”，开发建设中的新建邺，富有活力、充满希望，正在围绕全面建设繁荣和谐现代化新建邺的总体目标，按照“国际化、现代化、城市化”的要求，全力打造南京现代服务业的核心区、跨江发展的先行区、人文绿都的示范区、和谐南京的模范区以及一个与老城相呼应、与江北相联接的城市新中心和现代化新南京标志区。

成云祥

建邺区政府区长

2006年12月

The Brief Introduction to Jianye District

Jianye District is one of the main districts in Nanjing, neighboring the Outer Qinhuai River in the east on the other side of which is the ancient urban area of Nanjing, adjoining the Yangtze River in the west and facing the new urban area north of the Yangtze River. The district sits adjacent Yuhuatai District to the south, bordering on the New Qinhuai River and is connected with Gulou District, bordering at Hanzhong Avenue to the north. Jianye District has seven street community offices that are Nanhu, Binhu, Xinglong, Shazhou, Shuangzha, Jiang Xinzhou. The total area of Jianye District is about 82 square kilometers, with a population of 290,000.

Jianye is a new urban area noted for its plentiful historical and cultural wealth left down in history. Jianye can be traced back to a long history, which boasts of profound cultural contents. "Jianye" gets its name from the meaning that "founding a country and being the emperor", which was put forward by Sun Quan, the emperor of Wu during the three Kingdoms times 1800 years ago. It is the beginning of founding capitals and the culture of 6 dynasties. The Mochou Lake ranks as top one of forty eight scenes of ancient Nanjing and is celebrated as "the most famous lake in south of the Yangtze River" as early as in the Song Dynasty. China's cloud-pattern brocade is one of the three best and most famous brocades in China along with Suzhou brocade and Shu brocade. The Nanjing Memorial Hall of Compatriots Murdered in the Nanjing Massacre is an educational base for patriotism. There are many new sites for tourism, such as Jiangxin Islet—the demonstration site of the national agriculture travel, the Olympic Sports Center stadiums that can accommodate more than 80000 people, the Nanjing Green Expo Garden that covers an area of 77 hectares full of a typical Jiangnan scene and an exotic view, the riverside scenic belt which is 15km long.

Jianye is a new urban area with sound function. The complete city framework has been formed by taking the opportunity of the 10th National Games of the PRC in 2005 and the 1st China International Green Exhibition. The transportation of the district is very convenient. At present, 36 highways have been built in the district with the full length of 100 kilometers, including 4 express ways and 5 subways across the whole district, (Line 2, 3, 4, 5 are under construction). The Third Yangtze Bridge in the south of the district has already opened to traffic; meanwhile the cross-river tunnel directly linking the Jiangbei area is constructed in full swing. The district has sound public facilities. Jianye will build more than 80 middle schools, primary schools and kindergartens, Yilanzhai Art Gallery, the biggest privately-invested art gallery of China, and the 3000-bed Ming Ji Hospital. International Expo Center of Nanjing that occupying an area of 46.7 hectares has stated construction.

Jianye is a new urban area facing the future and being in full explosion. As the one new town of the municipal government of Nanjing's strategy "one new town and three districts", Jianye gets more attention from the municipal governments of Nanjing and Jiangsu Province, which propose " trying the city's best to build Hexi new town area". Hexi has attracted many people to invest with its special industrial advantages. Four economic parts——the New Town Science and Technology Park, the CBD area, the riverside of culture and sport of Olympic Athletics travel area and Conference and Exhibition Center have taken shape. The Hexi CBD area will be built as the core area of modern service industry.

"The old city represents the ancient capital and Hexi stands for modern Nanjing". Being under construction, new Jianye is filled with vigor and hope. For the purpose of constructing the prosperous and harmonious new Jianye, according to requires "internationalization, modernization and urbanization", we should try our best to found the core area of modern service industry of Nanjing, the pioneer of developing across the river, the demonstration district of civilization green capital, the fine example of harmonious Nanjing, a new center of the city echoing with the ancient urban area and linking with the new urban area north of the Yangtze River and a symbolic area of modernized new Nanjing.

Cheng Yuxiang
Director of the People's Government of Jianye District
Dec. 2006

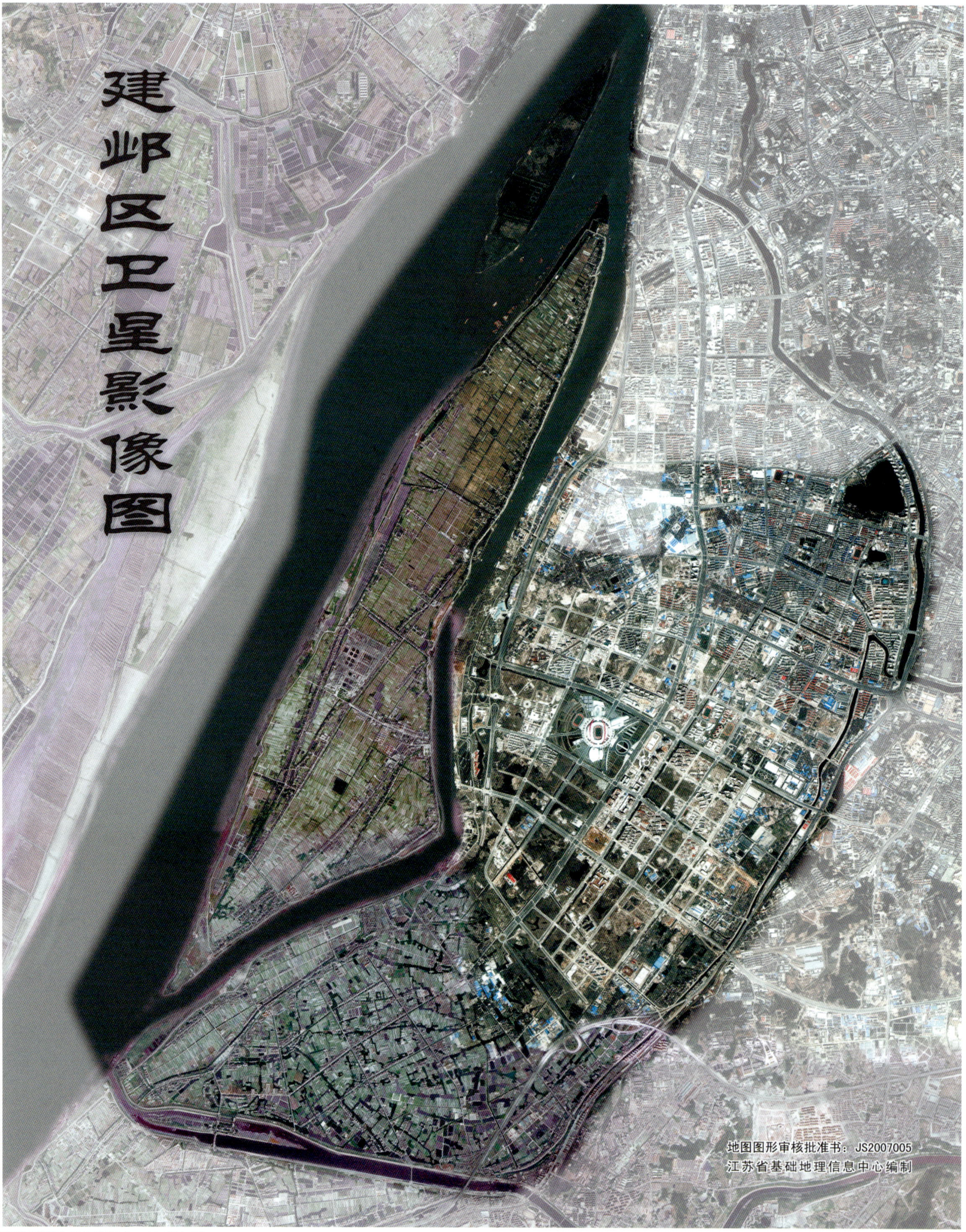
建邺区卫星影像图
地图图形审核批准书：JS2007005
江苏省基础地理信息中心编制

建邺区地图
建邺区在南京市区的位置
图例
省区政府驻地
高速公路
街道办事处
街道
地铁及车站
学校、医院
铁路及车站
绿地
地图图形审核批准书：JS2007004
江苏省基础地理信息中心编制
浦口区
下关区
鼓楼区
白下区
秦淮区
雨花台区
长江
夹江
潜洲
江心洲
奥林匹克体育中心
中央商务区
新城科技园
江心洲田园度假区
省政府
建邺区
莫愁湖公园
南湖公园
清凉山公园
古林公园
国防园
中央公园
菊花台公园
汉中门
水西门大街
江东中路
集庆门大街
应天大街
南京长江三桥
秦淮河
绕城公路
南湖
兴隆
沙洲
双闸
江心洲
过江隧道（在建）

新城核心——河西中央商务区概况

新城大厦 / NO.001

紫鑫中华广场 / NO.002

南京欧洲城 / NO.003

河西双塔—仁恒国际公寓 / NO.004

商务旗舰—雨润国际中心大厦 / NO.005

宋都奥体名座 / NO.006

紫金西区中央 / NO.007

联强国际大厦 / NO.008

东渡新锐大厦 / NO.009

中泰国际广场 / NO.010

嘉业国际城 / NO.011

朗诗新世界—南京新地中心 / NO.012

金奥大厦 / NO.013

河西新城中央商务区位于南京市建邺区区划范围中腹，规划总面积约 1 平方公里，是江苏省、南京市两级政府省会城市规划中重点打造的河西新城 CBD 项目。

中央商务区沿江东中路呈东北、西南走向，南至河西大街，北至梦都大街，全长约 2100 米，宽约 300 米。区域内规划建设 13 处（共 16 幢高层建筑物）标志性建筑，由北向南呈两列分布，计有紫鑫中华广场、南京欧洲城、雨润国际中心大厦［双楼］、仁恒国际公寓［双楼］、新城大厦［双楼］、联强国际大厦、东渡新锐大厦、宋都奥体名座、紫金西区中央、中泰国际广场、嘉业国际城、金奥大厦、南京新地中心等，两列楼宇之间建设长约 1900 米、宽约 80 米的休闲绿化带。

中央商务区 13 处标志性建筑项目主要功能和用途为政府公务、商务办公、商务居留［酒店式公寓］、大型商场、高档休闲娱乐等，总建筑面积约 240 万平方米，总投资 118 亿元人民币；各项目均聘请国际知名公司设计，按照国际化都市一流标准建设。

中央商务区的建设自 2003 年开始启动，2004 年全面开工，至 2006 年底，经过近 3 年的建设，目前已有新城大厦、宋都奥体名座、东渡新锐大厦、紫金西区中央、仁恒国际公寓、中泰国际广场、嘉业国际城等 7 个项目全部或基本建成［封顶］。其中宋都奥体名座、紫金西区中央、东渡新锐 3 个项目已竣工交付使用；新城大厦、仁恒国际公寓、中泰国际广场、嘉业国际城 4 个项目正在内外装修，预计于 2007 年内交付使用；紫鑫中华广场、南京欧洲城等 2 个项目部分建成并使用；雨润国际中心大厦、联强国际大厦、金奥大厦、南京新地中心等 4 个项目正加紧建设施工。其中，金奥大厦在 14 层楼面施工，联强国际大厦在 10 层楼面施工，南京新地中心施工至 27 层，雨润国际中心大厦在调整方案。

中央商务区是南京市河西新城区的核心地带，绵延 2 公里，占地面积约 1 平方公里，以 80 米宽的中心绿化带为轴心，以网格化的道路为框架，人、车、绿三带渐进，与河西新城开发时序相衔接，发挥现代商务、商业、金融、保险等功能，兼顾文化、体育、休闲、娱乐等功能，形成商务、商业、文化、休闲等多种功能相得益彰的现代化中央商务区。

中央商务区同时也是未来南京市新的城市经济中心，目前招商引资工作已经全面展开，并已取得积极成果。建邺区政府为加快推动中央商务区的建设，已决定设立南京市河西中央商务区管理委员会（下设管委会办公室负责日常工作），决心在 5 年内将河西中央商务区建设成为集国内外金融贸易、商务办公、商业服务、精神文化生活于一体的现代商务办公社区和现代城市服务业中心。

Core Area of the New City——Profile of Hexi Central Business District

Located in the central part of the planning area of Jianye District, Hexi New City Central Business District (CBD) covers a total planned area of about 1 square kilometers, which is a key CBD project of Hexi new city in the capital city plan made by Jiangsu Provincial Government and Nanjing Municipal Government.

The central business district follows the direction of northeast toward southwest along Jiangdong Middle Road, boarders Hexi Street on the south, Mengdu Street on the north, boasts a total length of 2100 meters and width of 300 meters. It is planned that 13 landmark buildings (16 tall buildings in total) will be constructed in this area, distributing in two rows from north to south, including Zixin China Plaza, European Town, YuRun International Center(twin towers), Siji Yanlord International Flat(twin towers), New City Mansion(twin towers), Lianqiang Mansion, Dongdu Xinrui Mansion, Songdu Olympic Stadium Mingzuo Mansion, Zijin West Area Central, Zhongtai International Plaza, Jiaye International City, Jinao Mansion, Landsea Xindi Center, etc, recreational green belt of 1900-meter long and 80-meter wide will be built in the area between two buildings.

The 13 landmark buildings in the CBD are mainly used for government work, business work, residence for businessmen (hotel style apartment), super large department store, high-level recreation and entertainment, etc. The total floor area is about 2.4 million square meters, and the total investment is 11.8 billion Yuan; the design work was made by international famous companies and in line with the top construction standard of cosmopolitan city.

The construction of CBD was initiated in 2003, its full construction was begun in 2004, through three years construction, by the end of 2006, seven projects have been fundamentally completed (top out): New City Mansion, Songdu Olympic Stadium Mingzuo Mansion, Dongdu Xinrui Mansion, Siji Yanlord International Flat, Zijin West Area Central, Zhongtai International Plaza, Jiaye International City, etc. Among which, the three projects of Songdu Olympic Stadium Mingzuo Mansion, Zijin West Area Central International Plaza and Dongdu Xinrui Mansion have been already finished and put into use; other four projects of New City Mansion, Siji Yanlord International Flat, Zhongtai International Plaza, Jiaye International City are under internal and external decoration and are expected to put into use by 2007; part of the Zixin China Plaza and European Town has been completed and put into use; the four projects of YuRun International Center , Lianqiang Mansion, Jinao Mansion and Landsea Xindi Center are under construction now. Among which, the construction work of Jinao Mansion has reached 14th floor, 10th floor of Lianqiang Mansion, 27th floor of Landsea Xindi Center, and the scheme of YuRun International Center is under adjustment now.

Being the core area of Hexi New City of Nanjing, the CBD stretches 2 km, covering an area of about 1 square kilometers. With the 80-meter wide central green belt as its axes and the grid road as its framework, the passenger road, vehicle road and green belt extend neck by neck. The CBD connects the development time and order of Hexi New City, plays the role of providing service for modern commerce, business, finance and insurance, etc, as well as for culture, sports, recreation and entertainment, etc, thus forming a modern CBD with the commerce, business and recreation bringing benefits to each other.

At the same time, the CBD is also the economic center of Nanjing new city in the future. Presently, the work of foreign investment promotion has been carried out in an all-round way and has got encouraging results. In a bid to accelerate the development of CBD, the Government of Jianye District has decided to set up an Administrative Committee for Hexi CBD, Nanjing (set up an office under the Committee in charge of routine work), and build the CBD into a modern business work community and city service center with the integration of domestic and foreign finance and trade, business office, commerce service, as well as spiritual and cultural life within five years.

新城大厦

新城大厦位于建邺区中部中央商务区内，由南北两幢大楼组成，坐东朝西，面对南京奥林匹克体育中心，周围10余幢商务大楼林立环绕，是河西新城区中央商务区（CBD）的代表作。

新城大厦由政府投资建设，每幢楼高32层，楼宇建筑面积为12万平方米，楼前花园及大型停车场面积约2万平方米。大楼于2004年破土动工，2005年10月完成外立面装修，目前正在进行内部装修，主要用于市、区两级政府办公。

预计2007年10月，北楼将入驻南京市民政局等8个市政府部委办局；南楼将入驻建邺区委、建邺区政府的绝大部分部委办局。市区有关部门和单位进驻后，新城大厦将成为河西新城的政治中心，对于新城的建设和发展起到至关重要的推动作用。

60
40

100 Volumes Of
JIANYE URBAN SYMBOLS
NO.
002

紫鑫中华广场

紫鑫中华广场是由南京建瑞房地产开发有限公司开发建设的河西新城中央商务区十三幢标志性建筑之一，位于江东路以东，梦都大街以北。广场东与中央商务区交汇，南与奥林匹克体育公园和奥体主场馆正对，西面相依滨江风光带，北有金陵中学附属小学和幼儿园，公共交通便利（毗邻地铁 1 号线新城附近和 2 号线出口处、公交 57 路和 306 路总站），配套设施齐全。享有不可复制的绝佳地段，是真正的新城中心腹地。

南京建瑞房地产开发有限公司是 2002 年成立的中美合资企业，该公司投资建设的紫鑫中华广场项目总占地 13.53 公顷，共分三期滚动开发，集中所有社会生活元素，包括商业、办公和高档住宅为一体，穿插大型社区休闲广场和景观庭院、中央花园及绿岛小品，将现代商务与休闲娱乐及田园居家式生活完美结合，营造了生活化、品位化、社区化的精英群体生活新天地，开创了河西新城区现代人文与商业结合的新模式。

整个项目建筑高低错落，呈现出龙的飞舞的动态造型，在视觉上带来强烈的感官享受：近观脚下庭院深深，远眺奥体广场和运动场馆、高楼林立的中央商务区、滔滔江水绵延的滨江风光带……在小区景观平台上可以尽览奥体场馆的恢弘，滨江的美丽与繁华。

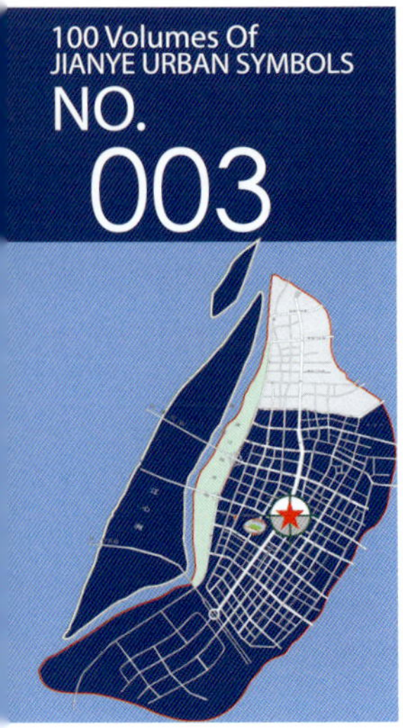

南京欧洲城

南京欧洲城位于南京市河西新城中央商务区（CBD）的北端起点，占地面积13.7万平方米，总建筑面积34万平方米，计划总投资16亿元人民币。该项目是河西新城中心十三大标志性项目之一，被建设部中国建筑文化中心评为“中国知名楼盘”，并获得南京市河西新城区“最佳城市贡献奖”。

项目开发商江苏信达置业有限公司创建于2002年，由荷兰、法国华侨侨领和浙江信达房地产股份有限公司共同投资设立，系国家房地产开发二级资质企业，中国房地产业协会成员，江苏省海外交流协会副会长单位，江苏省侨商总会副会长单位。江苏省重点服务侨港资企业。

该项目总体分为A、B、C三大区域，四大物业类型。东侧为全国重点中学金陵中学，并与南京奥体中心隔路相望。地理位置十分优越：十几条公交线分布周围，地铁1号线近处穿越、地铁2号线直达。

A区为近3万㎡的超大规模欧洲城休闲绿化广场——凯旋广场。B区为23万平方米的大型商贸、商务、办公区，由欧洲城·凯旋明珠商业广场、欧洲城·长安大厦、欧洲城·长富大厦以及两幢双子座高级写字楼，三幢酒店公寓——欧洲城·铂金时代公寓组成。C区为11万平方米的欧洲城·凯旋丽都花园——3A智能化高尚国际住宅区。拥有600多个住宅单位。小区内建设了九个班的幼儿园，进一步完善社区自身配套。C区凯旋丽都花园及社区景观配套工程已于2006年年底全部建成并圆满交付使用。香港招商局南京物业管理有限公司对小区进行物管，为业主物业档次的全面提升提供了保证。

欧洲城在布局规划上，贯穿科学的立体规划概念。设计了目前华东地区最大的近8万平方米的地下停车场，使业主们停车无忧。

南京欧洲城全面建成后，将成为具有欧洲现代建筑风格和国际商业、文化艺术气息交融的商住建筑群体；是欧洲及世界精品、名品的集散中心；是集商业、办公、大型餐饮、娱乐、休闲、游览、高档住宅于一体的理想创业居所。

南京欧洲城特定商业业态的分布为：欧洲及世界精品、名品室内外街区、大型国际生活超市、大型专业商场、大型美食休闲娱乐中心、金融、证券中心，办公、商务公寓、智能化住宅及优美高雅的商业、商务环境景观。世界500强国际连锁巨头——英国TESCO乐购生活购物中心已经加盟南京欧洲城。

南京欧洲城所有建设和配套项目全部完成后，将为提升南京商业格局和居住品位作出新的贡献。

金陵中学

100 Volumes Of
JIANYE URBAN SYMBOLS

NO. 004

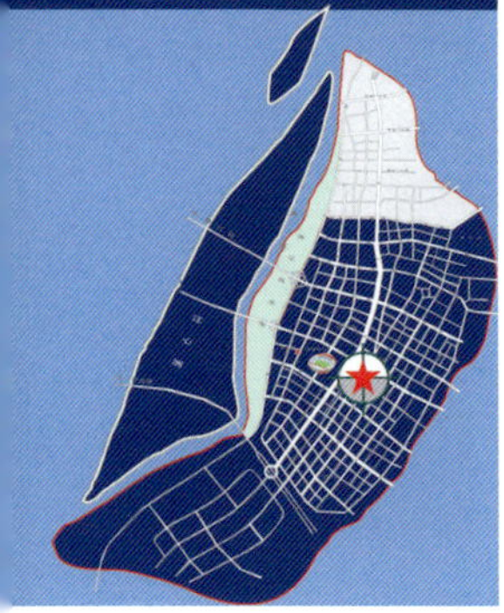

河西“双塔”——仁恒国际公寓

随着南京河西新城的迅速崛起，仁恒地产投资开发的河西中央商务区（CBD）十三大标志性建筑之一——“仁恒国际公寓”双塔项目，将成为南京地产市场崭新的元素。该项目总占地面积2.77公顷，位于庐山路与梦都路的交界口，处在河西新城中央商务区（CBD）的“龙头”位置。

仁恒投资（南京）有限公司是新加坡仁恒集团在南京投资成立的全资企业，企业于1994年5月成立以来，一直秉承“仁信治业，持之以恒”的企业精神，凭借雄厚的实力、充满前瞻性的决策眼光，先后成功开发了苜蓿园“梅花山庄”、“湖畔之星”、宁南新区“仁恒玉兰山庄”和“仁恒翠竹园” 等几大住宅小区。十多年来，“仁恒”在南京的发展始终恪守自身企业的原则，埋头致力于中、高档商品房的开发，树立了良好的口碑与企业形象。

仁恒国际公寓项目定位于高级酒店式公寓，有别于普通高档纯住宅项目和寻常的五星级酒店的边缘物业，该项目既具有豪华的超五星级纯酒店式日常生活、配套及服务，又极力营造高级公寓式的生活情趣，注重朝向、景观等日常居住环境。此项酒店式公寓的建成，将填补南京高端酒店式物业的空白。

随着城市与经济的高速发展，仁恒国际公寓将真正满足成功商务人群全新的居住需求，不断代表城市发展趋势并引领社会相关理念的进步。

宋都奥体名座

宋都奥体名座位于河西新城中心商务区（CBD）中段，隔江东南路与南京奥体中心对景相望，南侧为奥体大街，东侧是50米宽的主题中心绿地，北临联强国际大厦。该大厦紧临地铁1、2号线换乘站，为新城中央商务区（CBD）十三个标志性建筑之一。

宋都奥体名座项目开发商为南京宋都房地产开发有限公司，该公司系杭州宋都房地产集团有限责任公司的子公司。杭州宋都房地产集团有限公司为部颁一级开发企业，自1984年以来，先后在浙江杭州、舟山、桐庐、余杭等地开发、改造和建设了10余个项目，共计200多万平方米。

宋都奥体名座项目规划用地约1.2公顷，总建筑面积88838平方米，投资约2.3亿元。项目由六栋18层高楼组成，物业类型包括：裙楼沿街商铺，A、B、F座公馆式居家空间，C、D、E座提供公馆式办公商务空间。

该项目由杭州宋都集团投资建设，于2006年6月建成交付使用，现已成为河西新城现代化、高水平的标志性现代商务中心。

100 Volumes Of
JIANYE URBAN SYMBOLS
NO.
006

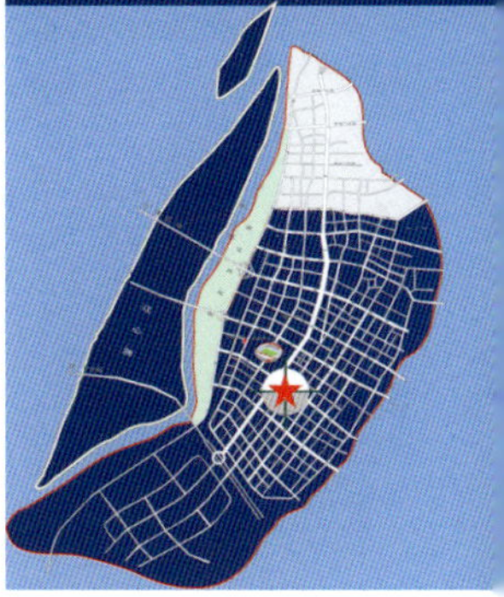

100 Volumes Of
JIANYE URBAN SYMBOLS
NO.
007

紫金西区中央

“我在紫金之颠，世界在我脚下”——紫金西区中央，一座标志性建筑在南京紫金房地产公司的推动下拔地而起，集大气之所成。项目雄踞河西新城商务区（CBD）中心，奥体大街和庐山路的交汇处，紧邻南京奥体中心，与时代同步；双地铁停靠周边，尽享现代便利。

紫金西区中央共占地 1.3 万平方米，建筑面积 7.7 万平方米。由办公、公寓以及商铺三部分组成。其中单身公寓于 2005 年 6 月份正式开盘销售，所推出的 200 多套精装小户型在 3 个月内便被抢购一空；随即推出的“YOHO 国际公寓”跃层 2 室 2 厅户型也因为其自身的时尚、极具独特的个性亮点引起了市场的关注。在之后的两个月中，100 多位时尚精英青年加入到了“YOHO”的业主之中，目前已全部售罄，销售业绩稳居河西 CBD 销售前三甲。

紫金西区中央作为南京第一座 CBD 原生态纯写字楼，在新城中央绽放着她独具的魅力和精彩。在规划设计上采用了独特的室内阳光双中庭设计，温和的阳光 360 度感受，郁郁的树木伴随阵阵的花香；一杯卡布其诺，洗尽工作的压力与烦恼。室外搭建 300 平方米屋顶花园，形成内外一体式绿色舒展空间，让工作与享受和谐统一。中央空调选择采用了目前世界最先进的大金 VRV 中央空调，以国际的品质营造不一样的办公氛围；在电梯的选用上，采用了高速的富士达电梯。整个项目还邀请到了国际知名物业公司第一太平戴维斯进行运作管理（该物业公司是成立 150 年之久的全球性物业企业）。

紫金西区中央的写字楼主力面积在 95、108.9、137.58、190 平方米，自由组合面积达 500 ～ 2000 平方米，以满足不同客户的需求。

紫金 · 西区中央作为河西最早交付的楼盘，于 2006 年 8 月投入使用，为有非凡眼光的客户第一批进入河西新城提供了便利。

首付10万
十月即将交付

100 Volumes Of JIANYE URBAN SYMBOLS

NO. 008

联强国际大厦 Lianqiang International Plaza

联强国际大厦由南京联强冶金集团有限公司投资，南京联强房地产公司开发，位于南京河西新城中央商务区（CBD）的核心地段，投资总额 4.06 亿元人民币。

项目占地面积 1.28 公顷，建筑体量 9.71 万平方米，建筑高度 148 米，抗震设防烈度为 7 度，框架核心为筒结构。该建筑地下有二层（局部三层），建筑面积 20500 平方米，设有机械泊车位 450 个，非机动车泊位 2100 个，地面裙房五层，面积 28925.6 平方米，可做大型商场和购物中心。裙房四面临街，其中地铁 2 号线向心路车站有 4 个出入口在项目规划红线内，距商场出入口仅数步之遥。另有 2 个地铁口与大厦主楼地下室无缝连接，消费者可以乘地铁不出站直达主楼，在此购物、观光、住店、办公，极为方便快捷。

主楼为 36 层，建筑面积 75600 平方米。其中 1 ～ 20 层为五星级宾馆，大堂酒吧、商务中心、娱乐健身、室内游泳池、桑拿餐饮设在 1 ～ 5 层，6 ～ 20 层为酒店式公寓，拥有标准、商务、豪华套房共 296 套；21 ～ 36 层是商务写字楼，商务、居住两用，办公用房可以自由分割。屋顶为空中花园，可以俯瞰河西新城的壮观、奥体中心的雄姿、浩瀚的长江、绿博园的美景。大厦内设有电梯、扶梯 28 部，宾馆、办公、消防、货梯各有专用，其中每秒 3.5 米的高速电梯 6 部。

大厦的智能化是南京顶级智能化设计，设计强调其先进性、保持智能系统的长时间的领先地位，是目前中国智能大厦的典范，大楼主要有楼宇管理系统结构化综合布线系统、计算机网络系统、酒店综合信息管理系统、设备、安保、消防、车库、PABX 管理系统、以及有线电视、公共广播、背景音乐、数字会议等系统，采用网页化设计，专业的图形操作界面，充分体现了“以人为本”的设计理念，主要核心产品选用国内国外知名厂家，为保障大厦智能化运行及安全性打下坚实的基础。

Lianqiang International Plaza

联强国际大厦2.5万平方米的五星级酒店拟引进国际顶端的酒店管理公司进行管理，可以为用户提供高档次、高品位的居住享受；3.2万平方米的写字楼，为客户提供国际一流的办公服务；2万多平方米的商业面积，准备与大型的品牌商业公司联手经营，琳琅满目的高品质的商品和舒适的购物环境，将会让消费者流连忘返。

作为一个大型综合性的标志性建筑，南京联强国际大厦的建筑设计新颖别致、布局合理、品位高雅、景观绝佳。在夜晚，一百多米高、纯正如银，晶莹透亮的玻璃体生态空间犹如高耸的光柱辉映中心商务区。整个建筑外装饰为不锈钢幕墙，简约流畅、雍容大度，所用不锈钢材料是联强自己生产的，同时也充分展示了联强企业具有的实力和特色。

截至2006年9月，联强国际大厦已投资约为2.5亿元，其中已完成投资包括桩基及土方工程为4000万元，土建投资9000万元，土地价值1.2亿元。目前已完成两万多平方米的商业裙楼的全部建设，预计2007年2月中旬，施工至主楼15层、裙楼外装饰施工结束；2007年6月主楼封顶，2007年底，主楼外装饰施工结束；计划于2007年2月开盘销售。

高起点的设计、高水准的建筑、高品位的环境、高质量的服务，这一切都将使联强国际大厦脱颖而出，独领风骚，成为即有高聚合力和龙头效应的企业，成为集中体现南京城市规划现代化风貌的标志性建筑物。激情与活力在这里绽放，无不让人怦然心动，让您的荣耀与梦想在这里成真。

100 Volumes Of
JIANYE URBAN SYMBOLS
NO.
009

东渡新锐大厦

东渡新锐大厦项目位于河西新城商务中心（CBD）中段，与南京奥体中心仅一街之隔，是中央商务区（CBD）首个开盘上市的单身公寓及十三大标志性建筑之一，由南京东渡房地产开发有限责任公司投资开发。

南京东渡房地产开发有限责任公司始创于1995年，注册资本5000万元，具有房地产开发二级资质，隶属于东渡国际集团有限公司（2005年上海房地产开发企业50强）。公司自创立以来，以“卓越、创新、亲和、诚信”的企业精神，依据集团先进的经营理念、科学的管理手段，推崇创新开发、锐意进取，已成为南京地区知名的房地产开发企业。

东渡新锐大厦项目占地面积12487 平方米，建筑面积约7万多平方米，楼盘总高度为99.89米，物业类型有平层和挑高两种，户型面积从40～80平方米不等，主力户型在前50～60平方米左右。该项目是小户型研发专家上海东渡集团倾力打造的升级换代产品，在整个楼盘的设计方面更显品质感和人性化：裙楼1～2层为商铺，方便生活与消费；3～7层为商住两用房，层高3.2米；主楼2-7层为商住两用房，层高达3.3米；8～22层为5米挑高公寓，经济时尚，为考虑居家要求。主楼预留了管道煤气接口，使居住功能更为完善。

楼盘内还设有大量公共互动空间，演绎精彩生活。一楼专设4.8米挑高酒店式大堂，1层、8层、13层、18层分别预留四座挑高25米的主题中庭，届时可装修为酒吧、咖啡馆、书吧、健身房等等，情调无限，韵动无限；另有两台室内全明观光电梯，可随意上下，观光赏景。

中泰国际广场

中泰国际广场位于河西新城中央商务区（CBD）核心，与奥体场馆隔江东中路相望，北临奥体大街，地铁1、2号线近在咫尺，多条公交线路环绕周边，是中央商务区（CBD）十三大重点项目之一。项目开发单位江苏圆泰置业有限公司系房地产开发企业二级资质，全国著名房地产跨地区开发企业。

中泰国际广场坐拥三轴一核两带区，即商务办公轴线、体育文化轴线、商业休闲轴线，构建三大功能主轴；集商务轴线、商业轴线和地铁1、2号线交汇处，凝聚出新城核心；沿长江旅游休闲带、沿河西高新技术产业带，伸展出东西两带。形成地贯东西、跨越南北的战略枢纽，是总部经济生存的最佳土壤。

中泰国际广场项目总投资12亿元，占地3.33公顷，总建筑面积22.6万平方米，总绿化率35%。项目墙体采用保温砂浆和双层中空玻璃幕墙，保温性能好，外立面雄浑大气。略带欧式风格的设计元素有机组合，上下呼应，采用整体三段式处理手法，饰以局部石材半圆柱及不锈钢拉杆，使得建筑整体造型稳重而含蓄，风格鲜明，标志显著。

中泰国际广场是集总部经济、高端商业、高尚公寓、星级酒店等综合功能为一体的综合型商务楼宇。四层裙楼约6万平方米，定位于国际商业名品购物广场，十九层甲级商务写字楼，十九层星级酒店，四幢二十六层住宅，地下部分为两层，一部分为大型购物超市，其余部分为1000个车位的停车场。

中泰国际广场是一座智能化楼宇，拥有四大智能，即安全防范系统、物业管理系统、信息通讯系统、机房系统，全面实现楼宇自动化、通信自动化、办公自动化、防火自动化、信息管理自动化。

NO. 010

嘉业国际城

嘉业国际城作为河西新城中央商务区（CBD）核心区域的高档楼盘，位于奥体大街和庐山路交汇处，占地面积 34，000 平方米，总建筑面积 250,000 多平方米，单体量居河西标志性建筑之首。由 1 号楼国际公寓、2 号楼星级服务精装公寓、3 号楼酒店式服务高端写字楼、4 号楼五星级服务智能化办公楼、5 号大型综合商业配套组成。曾荣获“南京最受市场认可明星商务楼”十佳之首、“南京十大新地标”称号。

嘉业国际城拥有公交、地铁、高架桥构成立体交通体系，人员疏散能力每小时不低于 10 万人次；项目楼盘距地铁 1、2 号线换乘站元通站仅 700 米，为商务办公提供优质交通环境。

项目开发商“南京嘉业”为浙江国际嘉业房地产开发有限公司南京分公司。浙江国际嘉业是一家拥有杭州钢铁集团和浙江国大集团两大股东强大融资支持的综合性集团企业。经过 17 年的市场锤炼，造就了一流的企业信用度和较强的筹措社会资源的能力。先后荣获“中国房地产企业五十强”、“中国企业服务业五百强”、“浙江房地产企业第二名”等称号。

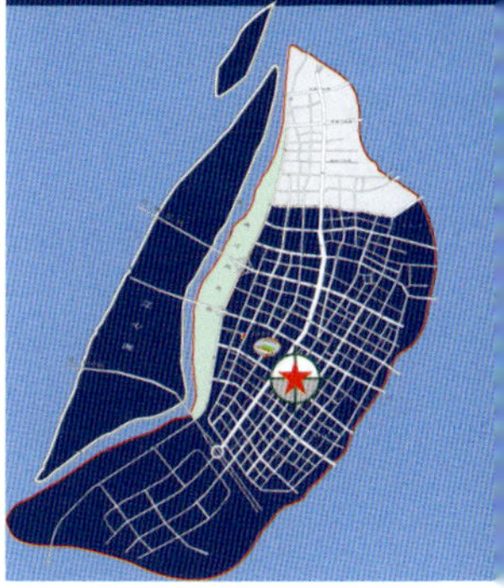

浙江国际嘉业拥有总资产60个亿，注册资本金1个亿，土地储备400公顷，累计开发面积达到300万立方米以上。企业本着以“人本、诚信、卓越”的核心理念，“做实长三角，构筑全中国，走向国际化”的战略目标，足迹遍布长三角9个城市（上海、南京、杭州、苏州、昆山、常州、湖州、嘉兴、嘉善），完成了“杭嘉湖—苏锡常—沪—宁”四大板块架构，打造了“嘉业阳光城、嘉业阳光假日”等品牌系列产品，开发产品均雄居所在城市十大品牌房产前列，享有广泛的知名度和美誉度。

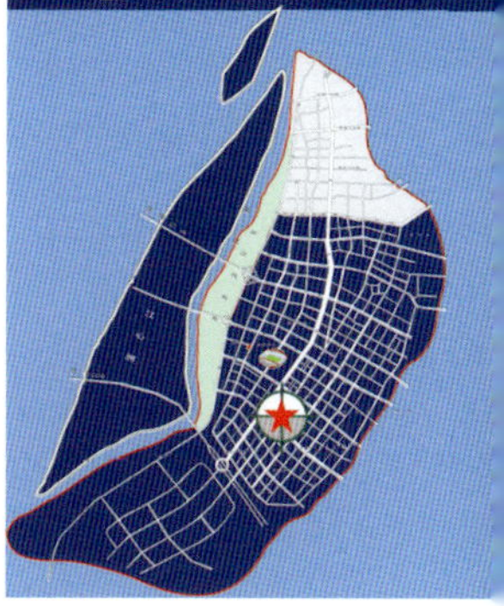

朗诗新世界——
——南京新地中心

南京新地中心是由青岛新地集团有限公司旗下主营房地产开发的“南京郎诗新世界房地产开发有限公司”投资兴建的顶级商用楼群。

南京郎诗新世界房地产开发有限公司注册资本22227万元人民币，主营房地产开发。公司开发的南京新地中心位于南京河西庐山路与楠溪江东街交叉口，地处中央商务金融轴线与商业轴线交汇处，南京地铁1、2号线也交汇于此，地理位置得天独厚。

该项目用地面积3.28万平方米，总建筑面积22万平方米，由50层高232米的国际标准甲级纯写字楼、特色酒店和多功能商业广场组成。项目按照国际一流标准规划设计，致力于为全球五百强企业提供南京区域最佳高尚办公场所。项目建成后将成为河西乃至南京的标志性建筑。

世界建筑 南京精神

金奥大厦

JINAO TOWER

由南京房地产知名品牌江苏金大地集团投资开发建设的金奥大厦，高达232米，集商业、酒店、办公及酒店式公寓等多功能于一体，总建筑面积20万平方米，总投资15亿元，位于8万平方米的河西新城中央公园正北面、奥体场馆东南面，靠近地铁1、2号线转换站。整个大厦外观形似灯笼，而灯笼在中国传统文化中即有“喜庆、吉祥”之寓意。金奥大厦现代手法的设计元素中巧妙地揉合了中国的传统文化，灯笼形状寓意着河西蓬勃昌隆的美好未来。通体的幕墙使大厦晶莹剔透，在阳光的照射下金奥大厦犹如璀璨的钻石。

100 Volumes Of
JIANYE URBAN SYMBOLS
NO.
013

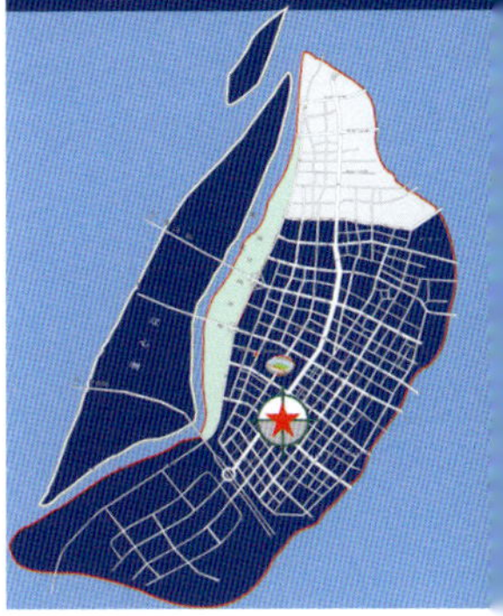

金奥大厦
JINAO TOWER

金大地集团在南京有着十多年的开发历程，秉承“建一流精品，创一流品牌”的宗旨，高标准、严要求，充分整合国际国内一流资源，开发建设金奥大厦。大厦的规划、建筑设计由曾成功设计上海金茂大厦的世界著名设计单位美国SOM设计事务所单纲。同时，金大地集团还组建了一支具有一流管理水平的团队，力争将金奥大厦打造成具有国际品质的高档商务楼。目前整个项目正在紧张的施工当中，不久的将来一座新城的标志将会在世人的面前展示，成为城市一道亮丽的风景。

江苏金大地集团自1994年成立伊始，先后成功开发建设了黄埔广场、黄埔花园、黄埔鑫园、香格里拉等示范性住宅小区，为慧眼识珠的业主奉献了多处优质的生活空间，为文化厚重的城东南迎来了一股现代人居的清新之风，给六朝古都增添了一道靓丽的风景线。借市政府河西建设战略的东风，实现集团的跨越式发展，将开发的重点转移到河西新城的建设，开发了拉德芳斯高尚住宅社区，成为河西市场瞩目的焦点。

新城璞玉
—南京新城科技园概况

新城科技大厦 / NO.014

雨润集团 / NO.019

新城创业大厦 / NO.015

威洲许氏洋参（南京）有限公司 / NO.020

中冶华天总部 / NO.016

百胜步步高电子研发生产基地 / NO.021

中国网通集团江苏省南京通信综合楼 / NO.017

德尔塔动力设备（中国）有限公司 / NO.021

南京卷烟厂 / NO.018

南京新城科技园是南京市人民政府实施“沿江开发战略”、拓展“一城三区”、建设河西新城区的重要组成部分，是南京市主城区最大的产业园和河西新城重要的产业带。园区于2003年4月成立，首期规划面积4平方公里。园区的范围是: 北起怡康路，南至绕城公路宁西立交桥，东临南河，西至泰山路。

南京新城科技园位于南京市河西新城的东南部，与老城交界。距老城商业中心新街口仅7公里，距国际航空港—南京禄口国际机场25公里。万科光明城市、中海赛纳丽舍等高档住宅、中央商务区、奥体中心、绿博园以及南师附小南师附中新城中学、金陵中学河西分校等组成了周边良好的商住、人文、休闲的都市氛围。园区交通便捷、路网纵横，奥体大街、梦都大街等八条城市主次干道与园区相连，地铁1、2号线横贯园区并设有中胜站。优越的区位优势，得天独厚的自然条件，使园区拥有广阔的发展空间。

园区坚持“以人为本”的发展理念和可持续发展的科学发展观。超前的规划设计使之成为现代都市科技、人文、生态的产业典范，区内绿化率高达40%。园区实施“三园一基地”的发展战略，以“研发创新、孵化创业、转化辐射”促进企业的自主创新能力和核心竞争力为发展目标。重点发展计算机软件、电子通信、生物科技、城市创意设计等现代服务业。致力打造设施环境一流，产业一条龙，服务一体化的都市高科技产业园，被江苏省人民政府批准为“江苏省现代服务业集聚区”。

园区成立三年多来，已先后引进了中冶华天、中核华兴、徐矿集团、烽火通信、江苏网通、联迪恒星、欣网视讯、天泽信息、江苏电力、江苏环保、江苏省食品药品技术中心、东南大学国家大学科技园河西新城园区等国内外知名企业总部及高新技术研发企业等40多家。2005年园区4平方公里实现技工贸收入130多亿元，年产值70多亿元，每平方公里土地产出率高达近20亿元。2006年园区税收同比增长了146.1%。目前，园区基础设施优良，“井”字形道路基本形成，招商载体已全面建成。已经成为越来越多的高新技术企业和大学科技产业投资的热土。

预计到2010年，园区产业投资将达到50多亿元。入园企业将近80家，新增技工贸收入110多亿元，新增税收7亿多元。

New City Pearl—Survey of Nanjing New Town Science and Technology Park

Nanjing New Town Science and Technology Park is a vital part of “Development Strategy for Regions along Yangtze River”, expansion of “One City Three Districts” and construction of Hexi new city area implemented by Nanjing People’s Government, which is also the biggest industrial park of Nanjing main urban zone and an important industry belt of Hexi new city. Founded in April 2004, the Park covers a first-phase plan area of 4 square kilometers. It sits adjacent Yikang Road to the north, Ningxi flyover of the highway around Nanjing to the south, Nanhe River to the east and Taishan Road to the west.

Located in the southeast part of Hexi new city area and the juncture of the new and old urban districts, Nanjing New Town Science and Technology Park boasts a distance of only 7 km to the business center Xinjiekou in the old downtown, and 25 km to the international airport—Nanjing Lukou International Airport. High-grade residence like Wanke Bright City and Zhonghai Sannalishe, Central Business District, Olympic Sports Center, Green Expo Garden, as well as the Primary School Attached to Nanjing Normal University, Hexi subschool of Jinling Middle School form a good urban atmosphere of business living, culture and recreation in surrounding areas. With road network throughout the park, eight urban arterial and sub-arterial roads like Olympics Street, Mengdu Street, etc connecting the Park, No.1 and No.2 subway traveuing the Park and Zhongsheng Station within it, the Park enjoys convenient transportation. Superior district location and unique natural resources present a broad development space

The Park adheres to the development idea of people-oriented and the scientific view of sustainable development. Its leading plan and design makes it become the industry model of modern metropolitan science and technology, culture and ecology, and its green ratio reaches 40 percent. The development strategy of “three parks one base” is carried out in the Park, with “research and innovation, incubator and poineer, transformation and radiation” to promote the innovative ablity and core competence of enterprises as its development objective. The Park lays its development stress on modern service industries like computer software, electronic communication, biotechnology and urban creative design, it also devotes itself to establishing a metropolitan hi-tech industry park with first-class facilites, integral industry and service, thus approved by Jiangsu Provincial People’s Government as “Modern Service Industry Gathering Area of Jiangsu Province”.

Over the three years after its foundation, more than 40 headquarters of fomous domestic and foreign companies, as well as high and new technology R&D enterprises have been attracted to set up companies here, such as, Huatian Engineering & Technology Corporation, MCC, China Nuclear Industry Huaxing Construction Company, Ltd., Xuzhou Coal Mining Group Ltd., Fiberhome Telecommunication Technologies Co., Ltd, Jiangsu Netcom, Liandi Information Systems Co., Ltd, Nanjing Xinwang Tech Co., Ltd, Tianze Infroindustry Company, Jiangsu Power, Jiangsu Environment Protection, Jiangsu Food and Medicine Technology Center and Hexi new city park of Southeast University National Science and Technology Park. In 2005, over 13 billion Yuan income from technology, industry and trade was realized in the 4 square kilometers park. With the annual production value of more than 7 billion Yuan, the production value per square kilometers reached 2 billion Yuan. Year 2006 saw a year-on-year growth of 146.1 percent in tax revenue. Currently, fine infrastructure has been finished, “#”shape road has been fundamentally formed and the carrier attracting foreign fund has been completely constructed. As a result, it becomes a hot land of invesment for more and more high & new-tech enterprises and university technology industries.

It is expected that by 2010, industry investment in the Park will reach more than 5 billion Yuan, in-the-park enterprises will up to 80, and the newly increased income from technology, industry and trade and tax revenue will be over 11 billion and 0.7 billion Yuan respectively.

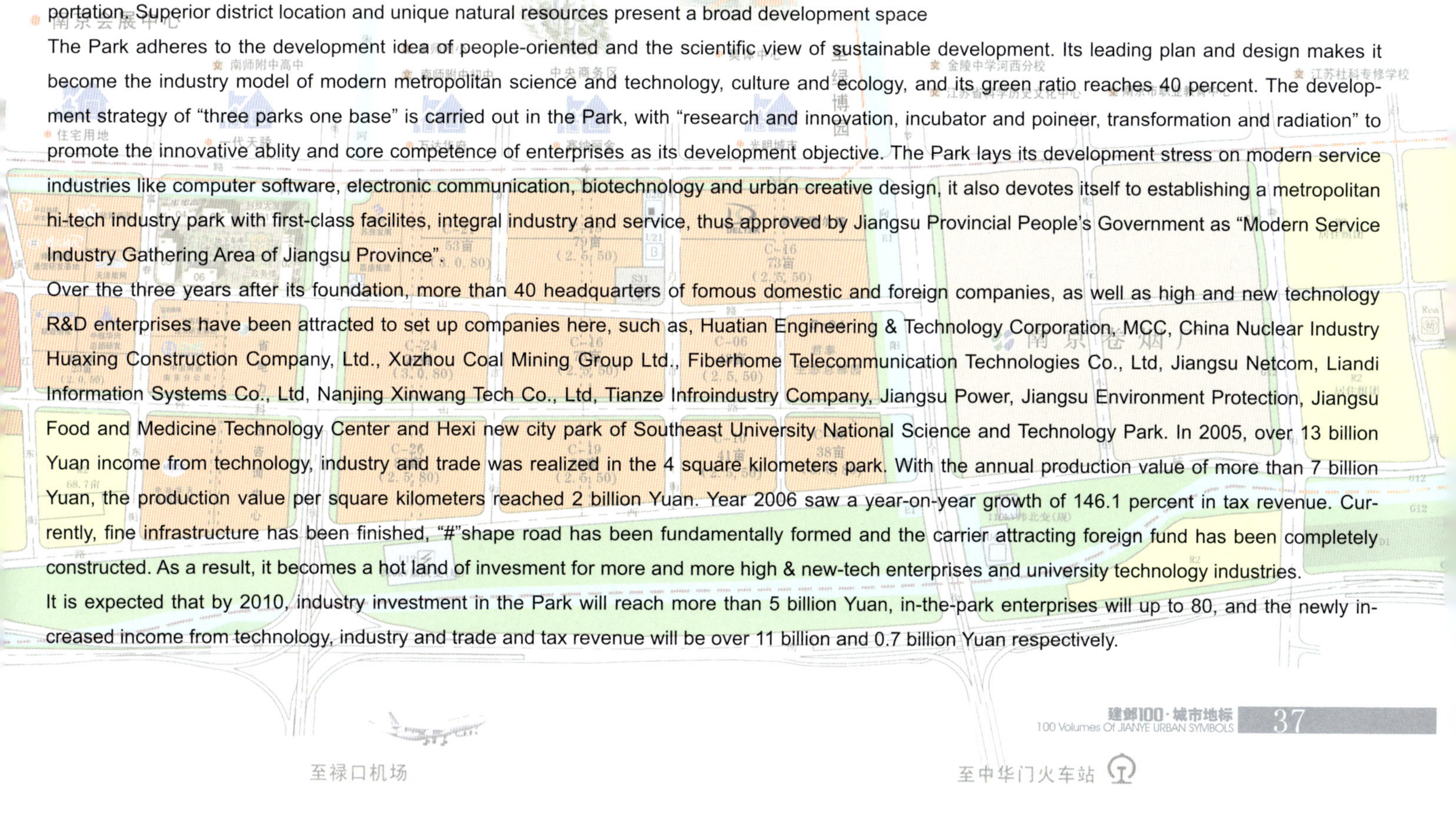

100 Volumes Of
JIANYE URBAN SYMBOLS

NO. 014

新城科技大厦

新城科技大厦位于泰山路与奥体大街交叉路口处，是南京新城科技园的标志性建筑。大厦占地 1.7 公顷，临水而立，一流的建筑设计，使大厦成为园区体现现代建筑理念的艺术品。多功能的设施配套，以及周边个性化的人文景观，使整个建筑散发着现代气息。

大厦总投资约 2 亿元人民币，主楼地下一层，地面 20 层，高约 80 米，裙楼 4 至 6 层。建筑面积约为 3.4 万平方米，地下建筑 1.6 万平方米。大厦内设有 0.6 万平方米的政府对外服务窗口，为入园企业提供完善的一站式服务；1.3 万平方米的培训中心将为企业人才的在职培训提供便利；多功能的会议中心和演讲大厅将为专家、学者提供学术和科技交流的平台，并能满足各种国际会议的需求。

大厦设有 3 万平方米的研发和创业中心，是企业家和创业者施展个人才能的首选舞台。新城科技大厦于 2005 年 5 月 10 日举行开工典礼，2006 年 8 月 11 日主体结构封顶，预计 2007 年 9 月交付使用。

100 Volumes Of
JIANYE URBAN SYMBOLS
NO. 016

中冶华天总部基地

中冶华天工程技术有限公司是由原中冶集团马鞍山钢铁设计研究总院改制而成的有限公司（改制前为中冶集团全资科技型企业）。中冶集团马鞍山钢铁设计研究总院，创建于1962年，为冶金工业部直属五大重点甲级钢铁设计研究院之一，是全国“守合同、重信用”企业，连续多年被评为全国勘察设计企业综合实力和营业收入百强单位，“AAA”资信企业，ISO9001：2000标准国际质量体系认证企业。

中冶华天工程技术有限公司现有工程技术人员700多人，其中教授级高工100余人，高级工程师300多人，拥有各类注册执业资格人员150人。公司下设十个管理部门和十个设计研究室（所），拥有32个技术专业，并拥有自己的网络管理中心、实验研究室、文印中心等辅助生产部门。华天公司还投资了6个子公司，并在上海、南京、杭州等地设有分部。

公司主要承担国内外钢铁和矿山的工程设计、技术咨询、试验研究、产品开发、设备设计与制造、安装、调试、工程建设监理和工程总承包，同时也承担地质勘察、民用建筑、电力、建材、环保及市政等行业的工程设计。

多年来，公司在冶金主行业先后承接了马钢、宝钢集团、本钢集团、武钢、天钢、莱钢、南钢、杭钢、沙钢、广钢、柳钢、三明、新余、韶钢、新疆八一、酒钢等大中型企业的各类大中型系统工程设计，项目遍及全国20多个省（市），总计完成3000余项工程设计和咨询任务，400余项试验研究，240余项工程总承包和工程监理业务，获得国家、部、省级奖励300多项，获得国家专利30多项，创出数十项“国内第一”。据不完全统计，截止到2006年底，中冶华天完成建设投资达850亿元，公司2006年主营业务收入达11.15亿元，完成利税总额1.65亿元。

目前，公司已经取得国家授予的对外经营权，与世界50多个国家和地区的公司、大学、金融组织有着广泛的交往，并建立了长期的合作关系。

公司未来战略目标为：以工程总承包为主业发展方向，做大做强工程总承包业务，努力拓展相关多元化业务，把华天公司发展成为技术领先、管理科学、运作规范、适应市场竞争要求的国际化工程公司。规划未来重点发展钢铁工程总承包、环境工程、机电设备制造、房地产开发四大板块业务。到2010年公司主营收入预计将达到40亿元，实现利润2亿元。

公司入园后，将注册成立中冶华天南京工程技术有限公司、中冶华天南京自动化工程有限公司、中冶华天南京工业炉有限公司、中冶华天南京建筑设计分公司和与日本三菱公司合作成立的南京天菱能源技术有限公司，总注册资金6200万元，总投资3亿元。

中冶华天

入园合同签字仪式
MCC

中国网通集团江苏省南京通信综合楼

中国网通集团江苏省南京通信综合楼项目于 2006 年 2 月 9 日签约，为中国网络通信集团江苏省分公司入园项目的一期工程。

中国网通江苏省分公司是中国网络通信集团公司于 2004 年 7 月在江苏省设立的省级分支机构。此次由江苏省分公司投资建设的省会综合通信枢纽中心项目，是中国网通集团在全国设点布局的国家骨干网通信枢纽之一， 主要担负南方几个省市数据宽带、智能网、3G 网、长话和市话的汇接交换。

项目地处南京市新城科技园 D-06 号地块，占地 1.74 公顷，总投资约为 4 亿元人民币。项目分二期建设，其中，一期项目为省会综合通信枢纽楼，投资总额约为 2.5 亿元人民币（其中工程造价为 7524 万元），建筑面积 15480 平方米，设计采用地下一层，地上六层布局；计划 2007 年 12 月前竣工，2008 年 5 月前投入使用。二期项目为公司总部行政办公中心，投资总额约为 1.5 亿元人民币，建筑面积约 1 万平方米，整个项目将于 2010 年前全部建成。

项目建成后，将成为中国网通集团骨干级通信网络枢纽中心，提供中国网通数据宽带、语音服务和 3G 移动业务服务，年产值将超过 2.25 亿元人民币，每年纳税在 1000 万元人民币以上。项目入园后，公司还将在两年内投资 600 万元在园区内进行管线建设，提高园区的通信基础设施水平。

中国网通集团江苏省南京通信综合楼项目是在全市现代服务业重大项目开工仪式后，继烽火通信开工后的又一个全面启动的项目。

南京卷烟厂

名闻暇迩的南京卷烟厂是江苏省和南京市重点企业，南京市纳税信誉等级 A 级纳税人。该厂拥有职工 1700 名，是具有 50 多年光荣历史的国有大型卷烟工业企业。自 1996 年至 2005 年十年间，卷烟产量以平均每年 20% 的速度递增；创税利从当年的 1.79 亿元迅速上升至 2005 年的 58 亿元， 以平均每年 40% 的速度迅猛递增。

2001 年底，投资 8 亿元的“新南烟”在现址全面投产。建筑采用中西合璧风格，被誉为现代化花园式工厂。2004 年业务总收入 66.7 亿元人民币，委托代理出口 1000 万美元；2005 年生产总值 62.09 亿，位列 2005 年全国五百强企业第 361 位。纳税排名连续 5 年位居江苏省榜首，是江苏省第一纳税大户。

100 Volumes Of
JIANYE URBAN SYMBOLS
NO.
018

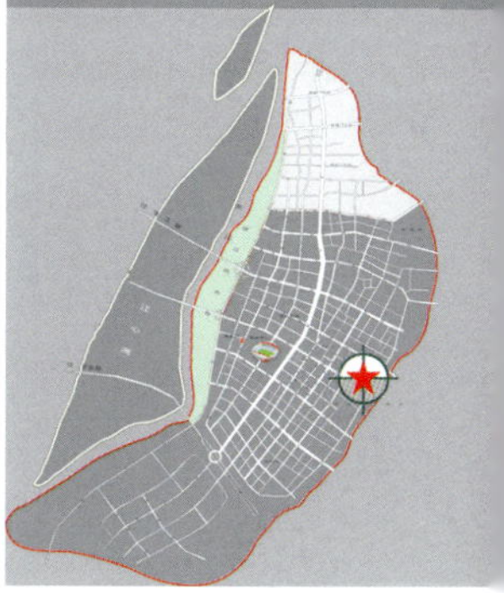

该企业位于新城科技园规划的4平方公里范围内，占地面积25.2公顷（其中生产区19.21公顷）。企业主打品牌为“南京”牌、“梦都”牌等系列卷烟。其中，“南京”牌系列卷烟于2005年荣获“中国名牌产口”称号；“梦都（七彩）”水果香型卷烟填补了国内空白；“梦都（细支）”卷烟为我国自主开发的首包烤烟型超细卷烟。

南京卷烟厂以“超越每一天”的企业精神打造管理一流、工艺技术与装备一流、产品质量一流、环境一流的企业形象，使企业经济效益与社会效益始终保持同步发展。在为国家多做贡献的同时，企业牢记强大自我、回馈社会的使命，多年来向社会各界捐赠达5000余万元。先后荣获全国文明单位、“五一劳动奖状”、全国企业文化建设先进单位、全国烟草行业先进集体和全国和谐劳动关系先进企业等荣誉称号。

雨润集团 雨润集团品牌走向世界

雨润集团是以肉制品加工业为主业，配套生猪宰杀、分割、冷藏、腌腊制品、罐头制品、农工科贸一体化的大型集体化企业，下属近 60 家子（分）公司，分别设立在江苏、北京、上海、广西、新疆等 28 个省、市、直辖市。2005 年 10 月 3 日，经过 12 年的发展，“中国雨润”在香港联交所主板正式挂牌交易，股票代码“1068”。截至目前，雨润集团已拥有东成控股（0735.HK）、南京中商（600280.SH）、中国雨润（1068.HK）三家上市公司。

多年来，雨润的发展得到了社会各界的认可。2000 年，集团被农业部等八部委评定为首批国家农业产业化重点龙头企业；2001 年，国家人事部批准雨润集团成立“博士后科研工作站”；2002 年被国家科技部评定为“科技创新型星火龙头企业”。2004 年雨润集团综合指标在全国工业企业 1000 强中排名为第 227 位。2005 年 12 月 13 日，在全国民营企业工业制造业 50 强中，雨润集团被列入第 35 位。2006 年 7 月，在中国企业 500 强中排名 124 位，在中国制造企业 500 强中排名 56 位，在中国肉类食品加工业中排名第 1 位。

雨润食品长期致力于品牌创建和培育，目前拥有“雨润”、“福润”两大主品牌以及“旺润”、“大众肉联”等多个品牌，覆盖了深加工肉制品（包括低温肉制品、高温肉制品）、生鲜肉产品（包括冷鲜肉和冷冻肉）等多个产品系列，产品共有近千个规格。另外，针对不同的目标顾客群体，雨润集团建立了多元品牌策略，每个品牌均针对特定市场采取不同的产品组合，并根据不同品牌的内涵塑造出特征鲜明的品牌形象，使更多层次、更广范围的顾客都能拥有自己所喜爱的雨润品牌。

一直以来，“雨润人”奉行“真诚如雨，滋润万家，不断创新，赶超一流”的质量方针，为广大消费者奉献更安全、健康、营养、美味的食品，为实现“创造中国食品工业辉煌”的目标而努力奋斗。

威洲许氏洋参（南京）有限公司

许氏洋参是美国许氏参业集团总裁许忠政先生创立的著名尊贵品牌。许氏参业集团花旗参的产销量占全美的四分之一。1993 年，许氏洋参引入中国，1995 年，成立威洲许氏洋参（南京）有限公司，属外商独资企业。公司主要从事西洋参的产品深加工，分装和销售，是一个具有生产和开发保健产品能力的联合加工企业。

该企业位于新城科技园规划的 4 平方公里范围内的最南端雨润集团的东侧。工厂占地面积 0.7 公顷，厂房建筑面积 7800 平方米，企业成立以来，基础设施共投入 1268 万元，2004 年企业销售总收入 8832 万元，上交税收 736 万元，新增注册外资 17 万美元。

许氏参业集团总公司位于美国威斯康辛州沃沙市，成立于 1974 年，创始人许忠政先生为美加首家华人种植花旗参的农场主。创业至今，分公司及关系企业遍及美国、加拿大、马来西亚等国家及中国内地、台湾、香港等地。其辖下拥有超过 400 多公顷处女地的许氏花旗参农场，经营邮购、零售、批发及外销高品质的美国花旗参、正野山参。许氏花旗参自种植、筛选、分级及制造过程，皆经严格的品质管制，并且一直坚持“货源纯正、服务到家”的经营原则。

许氏公司历年来屡次荣获美国联邦及州政府各阶层之褒扬，许忠政先生也被誉为“花旗王”的美称，许氏公司兢兢业业 30 余载，其花旗参产品深得世界各地消费者的欢迎与信赖，被公认为“信誉老牌许氏花旗参”。

HSU'S
HSU'S

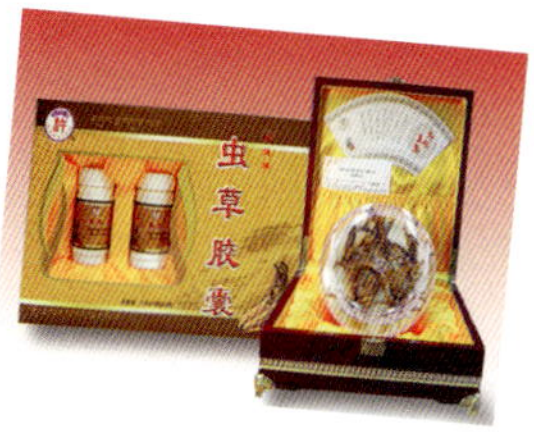
虫草胶囊

100 Volumes Of JIANYE URBAN SYMBOLS
NO. 021

百胜步步高电子研发生产基地

百胜步步高电子研发生产基地为步步高电子和江苏百胜合资企业，是步步高电子在华东地区的唯一研发、生产基地，主要目标是利用南京地区的人才资源优势，研发具有一定科技含量和良好市场前景的数字视听及通信设备产品，拓展华东市场。

江苏百胜电子有限公司是一家专业经营家用电子产品的销售服务公司，同时也是广东步步高电子工业有限公司在江苏、安徽、山东三省的总代理机构。

步步高电子研发大厦以步步高品牌电器产品研发为主要用途。包含外型、结构设计开发和电路、软件设计开发等连贯部分，附设与项目研发息息相关的行政管理、物业管理、商务接洽、临时卸载、临时荷物等配套辅助部门与设施。同时，因产品形象展示、业务协商和接待视察观摩需要，拟设置步步高品牌新品形象展示大厅。

项目全部建成后，将成为步步高电子在华东地区的研发、生产、销售基地。该项目是南京新城科技园成立以来，第一个由入园企业根据园区总体规划自行设计、自行开发建设的项目。

该项目占地 0.7 公顷，包括一期的研发和二期的生产。研发大厦占地面积 5040 平方米，建筑面积为 12345 平方米，一期投资概算为 2500 万元人民币。项目于 2005 年开工建设，2006 年 5 月封顶，预计 2007 年交付使用。

大厦南临文体路，有河道相隔，开阔的视野与整个园区优美的都市纹理相协调的外部环境，使未来的研究设计人员能够真正享受到轻松、写意的楼宇工作气氛。

德尔塔动力设备（中国）有限公司

德尔塔动力设备（中国）有限公司是美国环能动力设备集团公司和南京机电产业集团在原南京锅炉厂的基础上通过改制而变更设立的合资公司。

公司坐落于南京新城科技园区内，占地 12 万平方米，拥有 9 跨大型车间厂房；拥有 32 吨龙门起重机，50 吨桥式行车，卷板机，远红外加热器，自动埋弧焊机，热处理炉，油漆室和 X 光探伤室等一流设备。公司环境优美，绿树环绕，是一座花园式工厂。

德尔塔动力设备（中国）有限公司采用美国德尔塔公司先进的生产经营方式、经营理念和综合管理经验，采用美国德尔塔公司先进的制造技术、设计软件、质量控制和保证以及项目管理技术。

公司在中国拥有超过 100 位富有经验的工程师和设计人员，同时与美国德尔塔公司技术中心的设计工程师一起工作。公司将把美国先进的 HRSG 产品技术转化为公司拥有的技术，也将采用美国德尔塔公司丰富的技术经验来发展中国自己的工业锅炉和压力容器产品。

公司拥有 A 级锅炉制造许可证，Ⅰ、Ⅱ、Ⅲ类压力容器设计和制造许可证，ASME 标准“U”（压力容器）、“S”（动力锅炉）许可钢印，并全面通过 ISO9001：2000 国际质量体系认证。主要产品有：10-220T/h 电站锅炉、燃气蒸汽联合循环余热锅炉、1-75T/h 燃煤燃油燃气等工业锅炉、适用于不同行业的特种锅炉、Ⅰ、Ⅱ、Ⅲ类压力容器及高压蓄能器等。

公司在全球设立了完善的销售服务网络，仅中国地区就有多达近二十个区域销售服务中心，为客户提供项目技术咨询、商务洽谈、安装指导等全方位的优质服务。

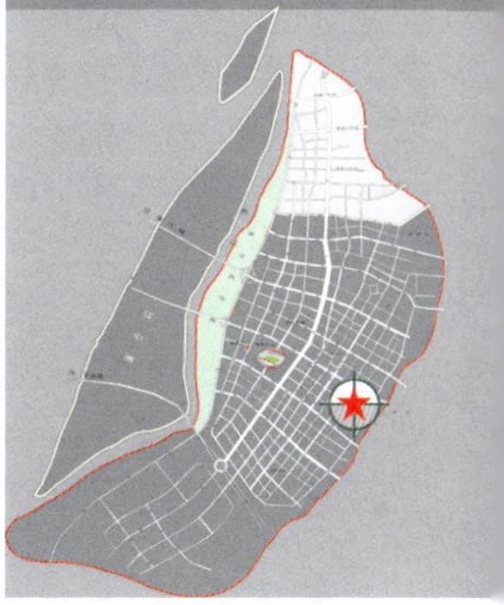

100 Volumes Of
JIANYE URBAN SYMBOLS

NO. 023

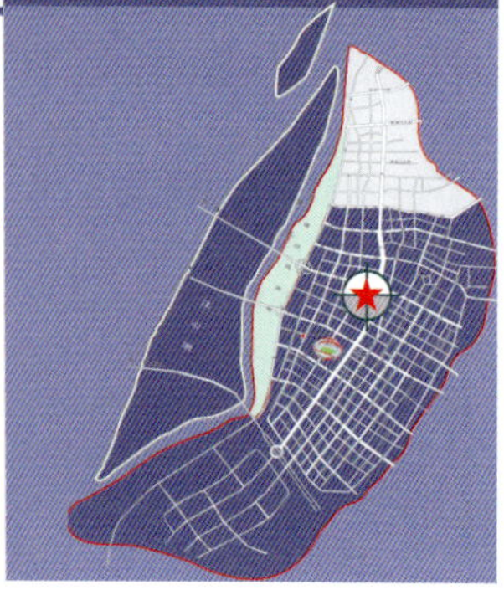

德盈集团

2006年，一座巍峨雄伟的产业大厦拔地而起，矗立于河西新城江东中路与集庆门大街交汇处。它就是德盈集团总部大楼。

香港德盈集团投资有限公司作为德盈集团的主体，旗下主要拥有南京赛特置业有限公司、南京建邺房地产开发有限公司、南京德盈实业有限公司等核心企业。另有雨花功德园、江苏艺宝轩文化艺术有限公司等合作参股单位。主要从事房地产开发项目投资、煤炭营销、高品位墓园、物业管理、科技研发、文化艺术产业、房屋租赁等多项经营领域。是一个以房地产为主导产业的投资多元化、产业多元化的企业集团。

德盈集团在探索中发展，在创新中前进，企业正稳步向专业化、规范化、品牌化方向发展。德盈以其良好的市场诚信度和经济实力，为企业的做优做强提供了强有力的保障。2005年，德盈旗下的南京赛特置业有限公司被建邺区委、区政府授予“优秀外资企业”、“纳税5强单位”称号，同时是南京市“重合同守信用企业”；2004年，起被中国人民银行江苏分行授予“AAA级资信等级”企业。由旗下南京建邺房地产开发有限公司开发的“金陵王府花园”、“德盈双城”等楼盘被国内主流媒体评为2004年“中国豪宅18强”，荣获首届南京地产“十大魅力楼盘”等称号。

德盈集团作为建邺区的纳税5强企业，在董事长黎长明先生的带领下，经过数年的励精图治，完成了由单一经营向多元化经营发展的历史性转变，通过科学而彻底的产权改革与现代企业制度再造，已成为一个现代化的投资集团公司。集团在取得较好经济效益和社会效益的同时，“富而思源、富而思进”，以感恩的心态回报社会，积极投身南京市扶贫济困的光彩事业，向社会慈善活动捐款，向贫困地区捐资助学，承担利在当代、功在千秋、惠及百姓的社会责任，被评为南京“光彩事业之星”，为构建和谐社会作出了积极的贡献。

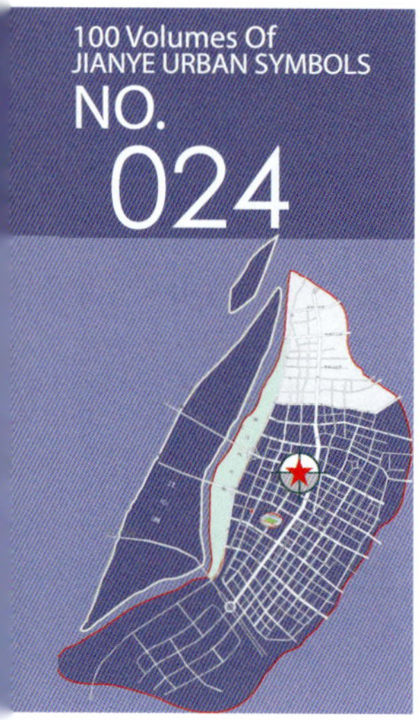

中北集团

南京中北（集团）股份有限公司始创于1979年7月。1992年6月，公司改制并跨入南京市首批股份制企业行列。1996年8月，公司股票在深圳证券交易所成功上市。

中北集团是以公用事业类客运交通为主业的综合性集团企业，是江苏省城市客运交通行业中最大的专业公司之一。集团以“敬业、卓越”为企业精神，以“大众的期望，中北的追求”为质量方针，以“为股东、客户、社会和员工创造价值”为根本宗旨。创造了享有盛誉的“中北”服务品牌。集团于1998年引进IS09000质量标准，于1999年通过认证并保持至今。

经过20多年的稳健发展，中北集团已发展成为一个以公用事业为基础、专业化与多元化并举、资产质量优良的企业集团，经营业务拓展到出租汽车、公共汽车、长途客运、旅游、房地产、物业、汽车贸易、汽车租赁、汽车修理、广告、培训教育等多个领域，并积极在其他领域进行投资探索。

“享受我们的周到服务，提高您的生活质量”，是中北人努力追求的目标。与时俱进，不断超越，中北集团将以人民群众的期望为动力，携手共创辉煌！

中北集团
中北大众销售维修中心

南京中北

中北巴士

南京嘉盛建设集团

NANJING JIASHENG CONSTRUCTION GROUP

南京嘉盛建设集团是从事市政工程、公路工程、房屋建筑工程、大型土石方工程、给排水管制作安装、园林景观设计施工、房地产开发、预拌商品混凝土、水泥制品制造、销售等多元产业的大型企业集团，具有壹级施工企业资质。集团设有四个子公司、七个分公司，企业总资产 13.8 亿元，注册总资本近亿元，固定资产 1.5 亿元，专业技术、骨干人员近 800 人，年综合产值均在 10 亿以上。

公司创建于 1979 年，前身为雨花台区土石方工程公司第一工程处，1992 年 9 月，成立为“南京江南基础建设工程公司”，1993 年 3 月，与香港嘉盛实业合资建立了“南京嘉盛基础建设工程有限公司”，随着公司的多业投入和不断发展，2002 年 7 月组建“南京嘉盛建设集团有限公司”，业已形成一业为主、多业并举，综合实力雄厚的南京嘉盛建设集团。

公司二十多年来始终坚持“以人为本，打造精品工程，精益求精，创建名牌企业”的质量方针，注重企业诚信，确保顾客满意，凭借自身的实力和努力，在各级政府部门的关心和社会各界的支持下，在南京市的基础建设中创造了一个又一个佳绩，成为南京城市建设的主力军和排头兵，并已在安徽、连云港、淮安等省内外多个城市及地区成功建设工程 20 余个。公司近年来完成的主要代表工程有：南京长江二桥、三桥、南京地铁、城东污水收集系统、绕城公路、雍六高速公路、宁马高速公路、奥体中心、河西新城区基础设施、江宁开发区道路建设、滨江大道及沿线江岸整治、中山南路改造等工程。

承接施工的 60 多项工程被评为国家（金杯）、省示范工程；省、市文明工地；省、市优质工程；优秀项目经理部等荣誉称号，树立了企业的良好形象。2001 年 2 月，在同行业中率先通过了 ISO9001:2000 标准国际质量认证， 2001 ～ 2004 年公司连续被市委、市政府及主管部门评为“南京市优秀企业”“先进集体”、“质量管理先进单位”、“安全管理先进单位”，授予“先进基层党组织”称号，是市“重合同、守信誉”企业和“AAA”资信单位。

面对城市建设发展的新形势，嘉盛建设集团正不断革新管理、提高层次，在原市政施工总承包壹级资质的基础上，现已具备公路施工总承包壹级资质条件，并在近年内进一步扩大生产规模，秉承“诚信有嘉、基业昌盛”的企业理念，开拓进取，凭借企业竞争及区位优势，力争在南京地铁二期建设、滨江大道南延等大型省市级重点工程建设中抓住机遇，在安徽、连云港、淮安等省内外市场加大开拓力度，在餐饮娱乐、生态开发等多元产业中崭露头角，并积极投资 1.2 亿元建设融商务、办公、公寓为一体多功能的嘉盛大厦，提升企业形象，确保公司三年内实现固定资产 5 亿元，年产值 15 亿，税收 5000 万元的奋斗目标，实现企业发展的新突破。

100 Volumes Of
JIANYE URBAN SYMBOLS
NO.
027

金盛国际家居·江东门广场

金盛国际家居•江东门广场位于南京市河西新城区——江东景观路的中心地带，毗邻南京奥体中心地带，其前身“金盛装饰城”始建于1995年11月，是金盛集团最大的核心企业。近年来，连续被评为江苏省文明大市场、南京市文明大市场、南京市先进私营企业，全国百强建材市场、全国诚信大市场、全国文明规范化管理大市场、南京市“三信三优”先进单位、南京市明码标价示范单位、南京市先进基层党委、南京军分区基层先进武装部、南京市计划生育先进协会等。金盛董事局主席王华。

全新亮相的“金盛国际家居•江东门广场 ”总营业面积超过30万平方米，拥有20万平方米的建材广场、5万平方米的品牌家具广场、2万平方米的家居饰品卖场和0.5万平方米的的家电卖场以及各种商务配套设施2万平方米，是目前为止河西地区最大的综合性家居卖场。

建材类主营精品陶瓷、卫浴、各色灯具、五金、门业、布艺窗帘、家居饰品、工艺品等；家具类主营民用家具、办公家具、红木家具、板式家具等；经营范围涵盖家具、建材、家电、家饰、家装服务等五大类、数百个品种、万余种品牌，拥有来自全球各地的直销厂商及世界品牌代理商一千多家。通过一系列的运作，不仅提升了企业规模、经营环境，更提升了企业的经营管理水平，并不断的朝着具有国际水准的现代化家居MALL努力。

金盛人遵循“成为构筑高品质生活的全球卓越服务商”的发展远景，继续发扬“团结敬业，勤俭务实，与时俱进，开拓创新”的企业精神，遵循“为创业者创造成功，为消费者创造价值”的经营理念，坚持走管理创新、服务创新、营销创新之路！

100 Volumes Of
JIANYE URBAN SYMBOLS
NO.
028

五洲装饰城

“汇聚五洲精华，构建温馨之家”。五洲装饰城位于江东中路76号，占地面积约1.5万平方米，南邻金盛国际家居江东门广场，交通极为便利，公交车23路、29路、61路的终点站设在市场内。装饰城是由一个综合厅和六个专业厅组合而成的经销装饰材料的专业市场，专门提供家庭、工程装饰材料等，销售商品达千余种。 五洲装饰城之所以能不断壮大，就在于：定位准确，面对“工薪”消费群体；质优价廉，为民减轻负担；诚信经营，让民购物放心；“以人为本”的服务，使普通市民满意而归。

南京五洲装饰城始建于1998年9月，隶属于南京五洲制冷（集团）公司。装饰城自创办以来，得到了市、区政府的关心和帮助，南京市再就业工程办公室和市劳动局将五洲装饰城定为“南京市再就业基地”，八年来，五洲装饰城为分流安置企业下岗职工，营造和谐社会作出了一定的贡献。

五洲装饰城与金盛国际家居广场以及更南侧的石林装饰城、金陵装饰城共同形成了一个家居广场集群，成为建邺区政府精心布局、重点打造的未来江东门商业中心的重要组成部分。紧紧抓住河西新城发展的机遇，五洲装饰城将不断地完善自我，为建邺区乃至南京市的经济发展作出更大的贡献。

五洲装飾
灯具厅

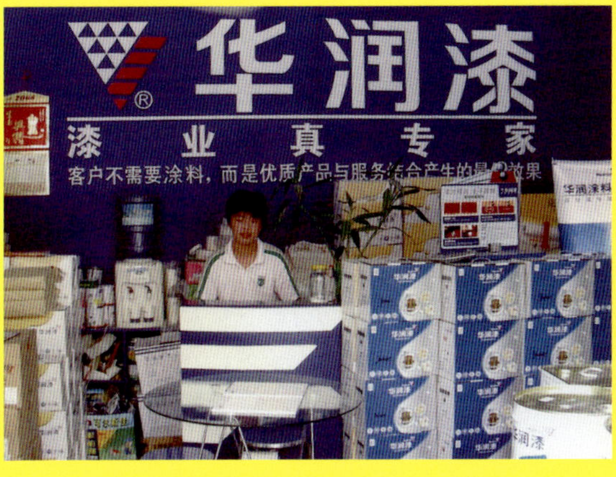
华润漆
漆 业 真 专 家

升达地板
中国南京 五洲地板厅4号
hear 惠尔地板
ASDF
升达地板

茂亚国际家具广场
大型家具消费体验月
来就送 买再送 送到您满意！
软体沙发系列
大厦

O-ZONE
原创地带

ARIC 艾丽格

茂亚国际家具广场恭祝南京市民新年大吉、万事如意

100 Volumes Of
JIANYE URBAN SYMBOLS
NO.
029

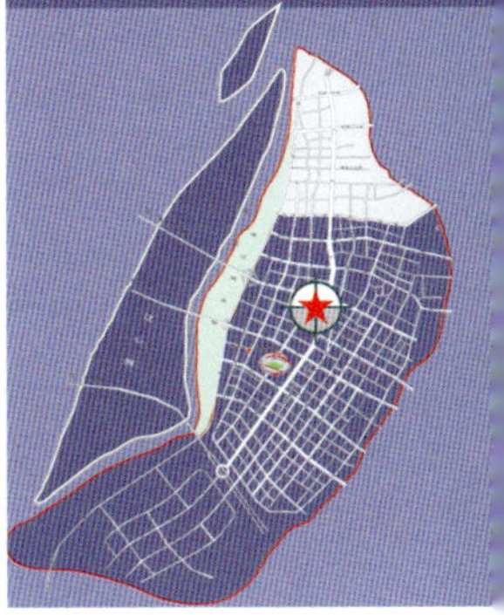

茂亚国际家具广场

茂亚国际家具广场位于河西新城腹地，作为大型多元化民营企业茂亚集团旗下的直属公司，于2006年9月29日正式开业。

茂盛国际家具广场是南京地区目前为数不多的专业经营中高档家具的大型家具卖场之一。现拥有营业面积约三万余平方米，共五个营业楼层。经营范围包括各类中高档次皮具沙发，工艺桌椅，各式套房办公家具等数十大类家具产品。茂亚国际家具广场以提供高品质之商品、各类精品家具产品及服务为专长，专注于在服务产业的开拓发展。公司致力于在中国最具消费潜力的城市深度发展，在家具市场领域成为行业的佼佼者。

茂亚集团在自身专业及国内特色的双重考虑下，以多元互补的业务架构，形成紧密协作、资源共享的产业链，快速扩大发展。不仅在业务开拓上具有敏锐的触觉，也大大优化提升了集团整体竞争效力，从而建立起在高级时尚家具及商贸流通业等领域的领先优势。未来几年，茂亚国际家具广场将逐渐专注发展高级时尚家具连锁业务，大力贯彻集团号召的全国连锁发展之方略，以南京及长江三角洲地区为重心，面向全国连锁扩张。通过不懈努力，鼎力将集团居于所在区域市场的前瞻地位。

茂亚国际家具广场将通过积极创新与拓展，逐步形成独有的长期竞争优势，以最终实现“成为一家可提供国际水平质量产品与服务，积极创新、保持长久竞争力的国际性永续经营公司”的远景目标。

100 Volumes Of
JIANYE URBAN SYMBOLS
NO.
030

永隆家居——河西店

永隆家居第一连锁河西店位于河西新城奥体以北500米。

南京永隆家居有限公司系投资发展商——永隆（香港）国际投资集团在境内投资的企业之一，是一个以家具业为主体，融工艺、饰品、床上用品为一体的大型专业性连锁家居商场。集团法人代表、港籍华人陈宝龙先生，本着“振兴实业，报效祖国”的宗旨，用全球眼光大胆地将地域人文元素融入现代家居设计中，开启了中华家居“高素质生活”新时代。

永隆家居2000年登陆南京市场以来，一直以其独特的经营方式和优质服务，先后获得“全国百城万店无假货示范店”、“全国用户满意服务”单位、“中国家具协会流通委员会副会长单位”、“江苏省家具行业副会长单位”和“光彩事业先进单位”等荣誉称号，并以其文明的服务、规范的管理、优美的环境、人性化的操作占据了整个南京市场份额，也因此赢得了南京及周边城市居民的青睐和广泛的社会关注。

结合市场变化和市场需求，“至诚至真、优质服务”是永隆家居不懈的追求。

永隆家居
YONGLONG JIAJU
永隆
家居

永隆家居
YONGLONG FURNITURE
第一连锁店

金鹰汉中新城
金基汇锦
TEL:025/51877001

www.luyuan.cn
绿源
1999

100 Volumes Of
JIANYE URBAN SYMBOLS
NO.
031

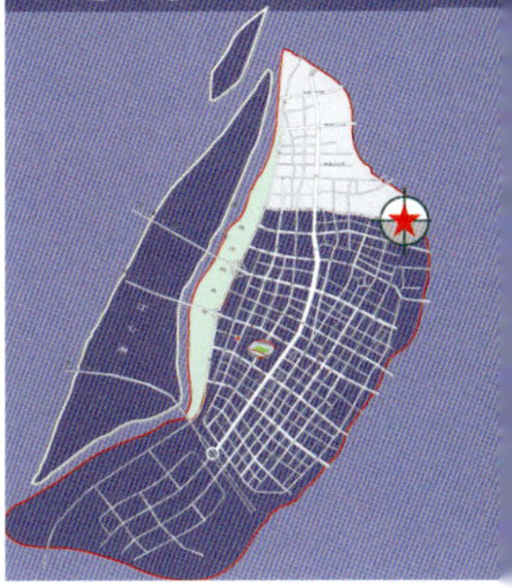

电动车的乐园

金鹰新百交家电——汉中商城

南京金鹰新百交家电商城，是由国际金鹰集团旗下的南京新百集团投资控股有限公司、南京交家电有限责任公司共同投资成立的大型家用电器、家居饰品类专业零售商城，营业面积15000平方米。商城地处秦淮河畔，汉中门桥头。南濒莫愁湖山水，东览市民广场秀色。交通便利，人口密集，尽占天时地利，“风景这边独好”，是河西地区最大的智能化商城。

在经营定位上，商城以中高档家用电器为主，不断引进国内外家电、家居的新发明、新产品和边缘派生出的新门类和新技术，着力引领时尚家电消费潮流。为提高品牌的竞争活力，全面采用智能化的“品牌末位淘汰”管理系统和品牌筛选优生方法，优则生存，充分激活名、特、优，新产品的再生能力，尽显商城品牌、环境、服务、品味的王者风范。

在经营特色上，商城以市场为导向，以市民需求为目标，在保留传统的交通车辆、厨房用具、大小家电、黑白电器等优秀品牌的同时，将专注于家用电器门类的精雕细琢和家居饰品上的拓展创新，力求在电动车辆、数码器材、高端视听产品上有新的突破。超脱同质化竞争，形成差异化经营的独特风格，打造出全新的家电家居商城。

在客户服务上，商城全面秉承国际金鹰集团“比承诺做得更好”的人性化服务理念，围绕“三个承诺”即品质、价格、满意服务，推出“一站式”服务新概念和新型的资讯搜索、个性电子邮件订阅、专家咨询、网上订购、快速投诉等全方位的互动服务，全员首问必答，持续改进服务水平和服务质量，营造出“顾客至上，进店如家”的良好购物氛围。

老百姓的“购物天堂”
——五洋大市场

五洋贸易实业有限公司，坐落在美丽的莫愁湖畔，地处水西门景观大道临街位置，地势优越。公司所属五洋大市场，是通往河西新区主干道上一座具有一定规模的综合批发直销市场，人气旺盛，深受广大市民喜爱。

五洋大市场创办于1994年10月，占地面积7000平方米。市场集食品百货、服饰布匹、五金交电、文教用品等多类经营项目为一体，设有300多个商铺，经销品种达6000余种，适合百姓大众选择和消费，其营销口号是“您的需要，应有尽有！”

经过10年的创业拼搏，五洋公司使一个濒临倒闭的小型国有企业（南京鞋楦厂），发展成一个生机勃勃的新型综合市场。该市场硬件上档次、软件上水平、功能完善、服务规范，已形成购物、美食、洗浴、棋牌、美容为一体的多功能商城。同时，作为南京市首批“再就业基地”，公司情系下岗职工，开辟就业渠道，成为众多再就业者创业致富桥梁，并先后荣获“南京市文明单位”、省级“巾帼示范岗”和“南京市再就业工程十佳先进单位”等荣誉称号。

五洋贸易实业有限公司秉承的一贯宗旨是“为百姓服务”，致力于不断创新探索新型市场经营模式，提升市场整体形象，为富民强市，打造新建邺，呼应河西新区开发建设作出应有的贡献。

100 Volumes Of
JIANYE URBAN SYMBOLS
NO.
032

莫愁湖公园

Mochouhu Park

莫愁湖形成于三国时期，系长江西移后留下的最大湖泊。南唐时称横塘，因其依傍石头城，故亦称石城湖。北宋《太平寰记》记载：“莫愁湖在三山门外，昔有卢妓莫愁嫁此，故名。”明初，沿湖畔筑楼台十余座，明太祖朱元璋与中山王徐达曾于此对弈，被誉为“金陵第一名胜”。清乾隆五十八年（1793），江宁知府李尧栋自捐俸银复建郁金堂、苏合厢，辟湖心亭等，并以“莫愁烟雨”列金陵四十八景之首。

民国17年（1928）12月14日，此处辟为公园。现公园总面积为53.33万平方米，其中湖面面积24.42万平方米。

1949年以后，南京市政府两度修整园内建筑。1958年开始浚湖，造湖心岛、堆山筑路、广植花木、改建园门、修建景点。1976年公园再次修葺。主要景点有胜棋楼、郁金堂、苏合厢、莫愁女雕像等，并以“怡然莫愁”入选“金陵四十八景”。2005年，又入选“新金陵五十五景”。20世纪80年代起，为适应市场经济的发展和旅游观光的需要，莫愁湖不断推出新景点新项目，其中海棠花会、自贡灯展、龙舟大赛、中国风情艺术节、大地走红欢乐节、中华杂技游园会及中国景德镇瓷灯展等活动颇具影响。

100 Volumes Of
JIANYE URBAN SYMBOLS
NO.
033

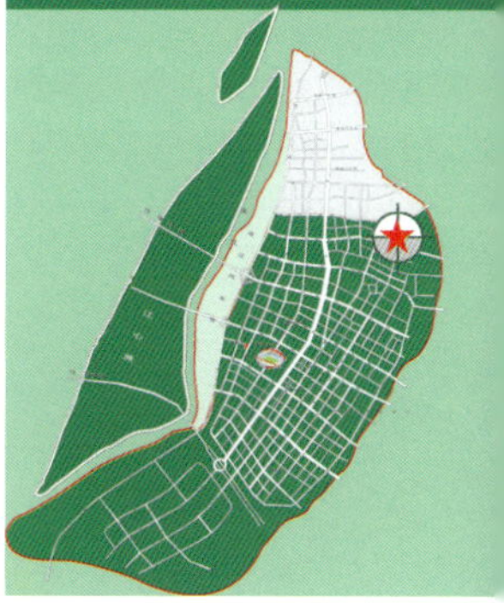

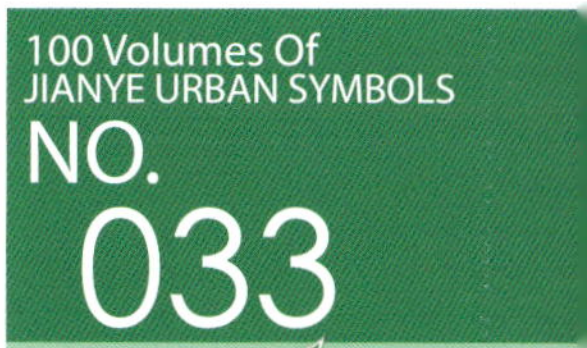

100 Volumes Of JIANYE URBAN SYMBOLS

NO.034

南湖公园

南湖位于建邺区东北隅，东邻外秦淮河，北与莫愁湖公园一街之隔，堪与莫愁湖比称姐妹湖。

南湖形成于三国时期，系长江西移遗留诸多湖沼之一，数十年前水产养殖盛极一时；20世纪八十年代后城市几度无序扩张，致使湖面被大量蚕食，几乎遭到湮灭之灾。2003年始，建邺区政府决心整治南湖，重建南湖公园，先后投入1.5亿元巨资，由区建设局施工建设，整体修复自然生态水系，开发南湖景观资源，至2005年终于建成。

新建成的南湖公园是一个既有历史含量和文化品位，又具有灵性的活水公园，占地面积约15万平方米，其中水面积5.6万平方米，为开放式公益性公园，游人可从各入口自由进入，随意游览休闲。

公园东花园占地2万平方米，是以植物为主题的绿色园区，植有多种陆生、水生植物，贴水建有木质观景栈道；公园南广场又称文化广场，占地2.1万平方米，包括主广场和亲水平台两部分，可进行大型公益活动，是公园主入口；公园西面主要为体育运动休闲广场，建有极限运动场、儿童游乐场等；北广场又称市民广场，与酒吧一条街相贯连。

南湖公园的成功建设，为居住在南湖地区的十余万市民提供了一个极其优美的公共休闲场所，建邺区政府的这一善举，受到周边居民群众的同声称赞，南湖公园被他们亲切地称为“老百姓的后花园、会客厅”

NANHU / PARK

100 Volumes Of JIANYE URBAN SYMBOLS
NO. 035

南湖商业旅游街区

南湖商业旅游街区位于建邺区东北方向，总面积约2万平方米，目前是建邺区的商业中心，未来将发展成为具有较强辐射能力的市级商业副中心。现已建成的南湖东路商业街与水西门旅游休闲街、长虹路美食街、云河路时尚街、南湖公园酒吧街构成一个沿南湖的闭合商圈，成为南京的又一旅游美食文化亮点。

南湖东路商业街——南湖东路毗邻南湖公园南大门，东西向全长1.2公里，幅宽28米。改造后的南湖东路为一条集休闲、旅游、购物为一体的特色商业街。由西向东分为时尚购物区、人文休闲区、生态文化区、精品购物区和生活日用区等5个功能区。它与长虹路美食街、云河路时尚街、南湖公园酒吧街、茶南商业休闲步行街互为依托、互为补充，笑迎四方来客，促进建邺商贸经济的发展。

长虹路美食街——长虹路紧邻秦淮河风光带和明城墙，南北向全长1.2公里，幅宽30米。改造后的长虹路为一条集文化、餐饮、滨水休闲于一体的美食商业街，整体上突出江南传统风格，与秦淮河景相呼应，沿河建有贯穿南北的亲水平台，让人可以近距离地观赏河岸风光；每隔一段距离建设1座滨水茶楼，沿途还设置大小广场、通透的连廊凉亭、独立的院落等，为游客提供优雅舒适安静的消费环境。

南湖商业街

南京云锦研究所

南京云锦，因美如天上云霞而得名，迄今已有1580多年历史。元、明、清三朝均为皇家御用品，2005年12月，被国务院列入首批国家级非物质文化遗产名录。

1956年10月，周恩来总理亲自指示：“一定要南京的同志把云锦工艺继承下来，发扬光大。”1957年，经江苏省政府批准成立了南京云锦研究所。2003年建立了南京云锦博物馆。

作为“南京新55景”和“新金陵48景”之一，南京云锦博物馆是历史文化名城南京独具魅力的旅游新景点。博物馆展馆面积2732平方米，常年举办历代丝绸文物复制精品和云锦精品展览，藏品的时间跨度从战国至现代：一层为省市名牌产品“吉祥”牌云锦展销大厅，有模特们在T型台上为您展示融现代美与古典美于一体的现代云锦服饰；二层是云锦大花楼木织机操作表演以及历代丝绸文物复制精品和南京云锦的陈列；三层是中华织锦村，展示中国各少数民族的织锦机具以及民族服饰、生活用品等。

南京云锦研究所已成功创建“全国工业旅游示范点”，被商务部授予首批“中华老字号”称号。“南京云锦木机妆花手工织造工艺”作为国家五个候选项目之一，正在向联合国教科文组织申报人类非物质文化遗产。

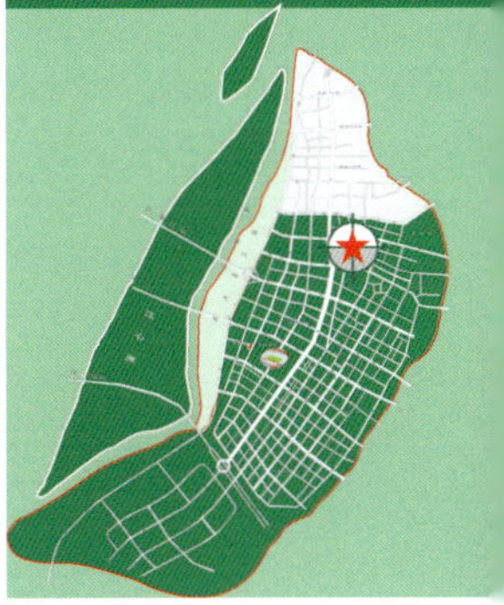

南京大屠杀遇难同胞纪念馆

THE MEMORIAL HALL OF THE VICTIMSIN NANJING MASSACRE BY JAPANESE INVADERS

1937 年 12 月 13 日，侵华日军占领南京，随即对中国被俘士兵和无辜平民实行了长达 6 周的杀、烧、淫、掠暴行，我被害同胞总数达 30 万人以上。在日军占领南京 1 个月中，市内就发生了 2 万起左右的强奸事件，全市三分之一的房屋被烧毁，大量公私财物遭掠夺。

为悼念遇难同胞、教育人民，尤其是青少年，南京市人民政府于 1985 年修建了侵华日军南京大屠杀遇难同胞纪念馆。1995 年又进行了二期扩建工程。为了更好地发挥该馆对青少年进行爱国主义教育的功能和作用，在中央、江苏省和南京市各级政府的关心和支持下，国家发改委于 2005 年 2 月 7 日正式批复同意扩建纪念馆，并于同年 12 月 13 日开工建设，拟于 2007 年 12 月 13 日，即南京大屠杀 30 万同胞遇难 70 周年纪念之际建成开放。扩建后的纪念馆占地面积 7.4 公顷。目前，中宣部和国家发改委也已经把该扩建工程正式列入打造国家红色旅游基地“3+1 工程”。

100 Volumes Of JIANYE URBAN SYMBOLS
NO. 037

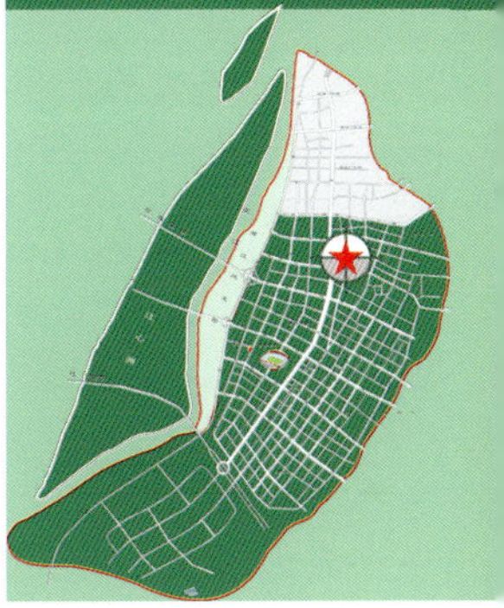

侵华日军南京大屠杀遇难同胞纪念馆坐落在南京江东门，这里曾是侵华日军集体屠杀遗址和遇难同胞丛葬地。也是一处集史料、文物、建筑、雕塑、影视等综合手法，全面展示南京大屠杀特大惨案的专史纪念馆。该馆共分广场陈列、遗骨陈列、史料陈列三部分。广场陈列由悼念广场、祭奠广场、鹅卵石广场、大型组合雕塑、群雕、立雕、浮雕、铜雕、标志碑、纪念碑、铜版路、铜版墙、赎罪碑、枯树、断垣残壁、遇难者名单墙，绿树草坪及大片的鹅卵石等诸多景观，构成了“生与死”、“悲与愤”为主题的纪念性墓地建筑风格。外形为棺椁状的遗骨陈列室中陈列着从“万人坑”中挖掘出的部分遇难者遗骨。“万人坑”遗址的现场原样地展示着遇难者遗骨，是侵华日军南京大屠杀的有力铁证。而呈墓穴状且半地下的史料大厅内，陈列着1000余件珍贵的历史照片、文物、图表和见证资料，采用灯箱、沙盘、泥塑、仿真雕塑、油画、复原景观、多媒体触摸屏、电影、电视等现代陈列手段，再现南京大屠杀的悲惨历史，揭露了日本军国主义者的血腥罪行。

建馆以来，纪念馆已累计接待观众达1400万人次，特别是自2004年3月1日免费开放以来，当年接待观众达114万人次，2005年年接待量更是达到了220万人次，初步达到了爱国主义教育基地社会效益的最大化，实现了纪念馆的社会公共价值。

目前，侵华日军南京大屠杀遇难同胞纪念馆已成为对内进行爱国主义教育，对外开展国际和平友好交流的重要场所。先后被授予“全国青少年教育基地”、“全国中小学爱国主义教育基地”、“全国爱国主义教育示范基地”、首批“全国精神文明建设工作先进单位”、“全国爱国主义教育示范基地先进单位”。

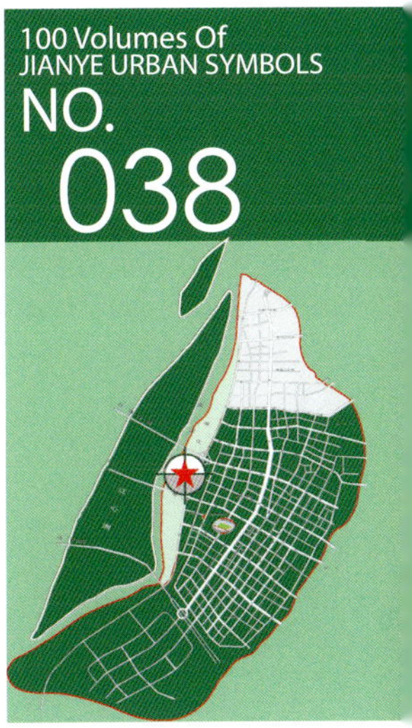

扬子江畔，“南京西花园”——绿博园

“拥抱绿色 ，回归自然”。南京中国绿化博览园（以下简称“绿博园”）是首届中国绿化博览会主会场，于2005年10月建成。

公园位于河西新城区滨江风光带，毗邻奥体中心，西临夹江，与江心洲隔岸相望，东靠滨江大道，依江伴水、气势恢弘，整个园区犹如一颗璀璨的明珠镶嵌在扬子江畔。绿博园占地面积77公顷，园区共设有主展馆、展览温室、服务中心、花卉苗木交易区以及42个室外景点和三个滨江景观区。

绿博园以滨江绿色生态景观为主，结合博览、科普、环保、休闲、度假与旅游功能，其中还配合商业服务、游赏设施（2006年新建成欧洲嘉年华大型游乐场）等，是集中展示“绿色南京”建设成果的大型的现代化城市主题公园。

主展馆——位于绿博园中部区域，总面积15000平方米，专门用于举办大型的展示活动，是绿博园的标志性建筑。展馆临水而建，景观优美灵动，建筑中部通空，透过玻璃幕墙可观浩瀚长江、可赏河西新景，形成自由流动、丰富多彩的景观效果。

三大园区之江苏园——江苏是中国私家园林的故乡，江苏园集中了苏州、无锡、扬州等地著名园林的精华，依托水乡风貌，汇集江苏省各市的市树市花，充分展示了江苏园林文化的璀璨。全园分为古典园林景区、古镇水街景区以及自然山水景区，占地12000平方米，是各园中占地面积最大的一个。

三大园区之中国石油园——由中国石油天然气集团公司制作，景点面积8000余平方米。该园以大树、鲜花、绿草为主，其中从新疆塔里木河流域移来了珍惜树种胡杨和远古树化石——硅化木，配以“石油专业景观”和“自然景观”，辅设精美的儿童游乐设施。

三大园区之中国军苑——由解放军环保绿化委员会制作，景点面积7000平方米，是解放军首次参加地方布景。军苑内包括一辆96式主战坦克，一架苏-27战斗机，一艘常规潜艇，一组“雷锋军营”大型沙盘模型和一个了望台。军苑门口有一块重达30吨的巨型紫袍玉带石，上面刻有中国军苑的简介，石头的两侧分别有天然形成的一条龙的图形和一尊观音的图案，非常罕见与珍贵。

五大国际园——绿博园专门开辟了国际友好园区，展示这些国家在造园方面的成就。如新加坡、墨西哥、韩国、荷兰、埃及等参展团的景点，景色各异。韩国参展团的朝鲜式园林，将宫廷风格的建筑与农家草舍自然连接；埃及园内里一座15米高的埃及方尖碑，体现埃及古文明的骄傲和奇迹；荷兰小镇的风车、水车等荷兰风情建筑赏心悦目；墨西哥的原产仙人掌等也被搬进了园区。

100 Volumes Of JIANYE URBAN SYMBOLS

NO. 039

神秘的火神庙——太阳宫遗址

太阳宫遗址位于滨江公园万景园国际会议中心西北200余米处(原上新河镇棉花堤以北约500米)。建于明末清初，占地6万平方米。当时，湖南、湖北等地木材商在上新河镇设立帮会，沿江停靠木排，为保木排免遭火灾，筹资共建太阳宫，祈求火神赐福，保佑平安。

太阳宫以木质结构为主，大殿进深8米、宽20米，立有22根楹柱。殿壁上镶有一扇直径2米的圆形窗，象征太阳，故名。

清同治三年（1864），两江总督曾国藩率部困太平军于江心洲，太阳宫香火中断，后遭火焚，仅留遗址。战后，上新河木业复苏，“两湖”帮会又重建了太阳宫。1944年秋，侵华日军一把大火将太阳宫烧为灰烬，抗战胜利后，“两湖”帮会再建太阳宫，占地面积仅有5000余平方米。

1984年，太阳宫遗址公布为区级文物保护单位，幸存至今。2004年，南京市政府开发河西，打造滨江公园，同时建邺区文化局积极协调配合市河西开发建设指挥部对该宫进行修、扩建。新的太阳宫占地面积23000平方米，其中建筑面积1460平方米、广场面积1570平方米、水面面积1680平方米。整个建筑依山傍水、绿树环抱、风光宜人，她既是南京文脉的历史传承，也是新城文化风貌的集中体现。2006年被确定为市级文物保护单位。

长江明珠——南京江心洲

Bright Phearl Jiangxingzhou

据专家考证，唐代李白当年游历金陵，吟出"三山半落青天外，二水中分白鹭洲"的千古佳句时，诗仙的注目之处，就是今日江心洲方向。

江心洲，又称梅子洲、桃花岛，位于南京市西部长江之中，南北长 12 公里，东西宽 1.2 公里，最宽处达 2.7 公里，陆地面积 15 平方公里，是长江中下游仅次于崇明、扬中、八卦洲的第四大岛，以农业旅游享誉全国，主要旅游景点有万亩葡萄园、鼋头石湿地风景区、凤凰台、民俗一条街、农家菜一条街等。

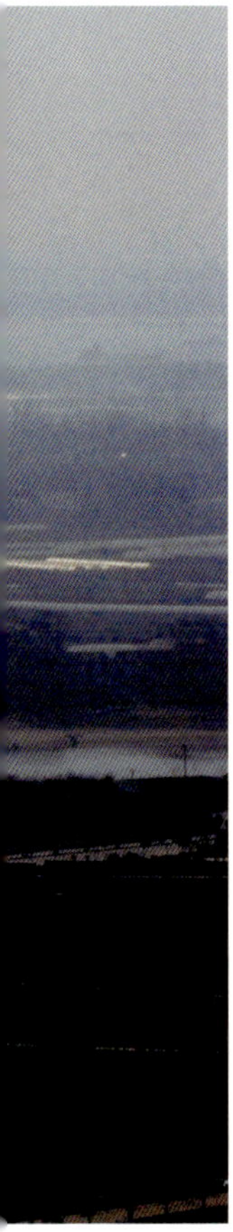

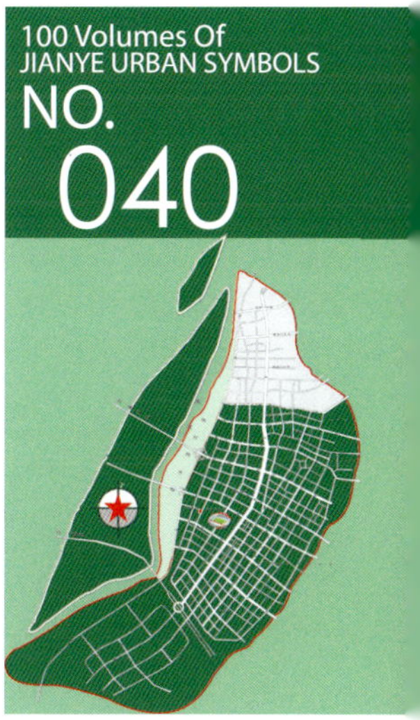

江心洲每年春秋两季各举办一次大型旅游活动，分别为一、二月份的“江上人家新春乐”和九、十月份的“江心洲葡萄节暨葡萄大赛”活动，至今已连续举办4届。由于距离主城区较近，地形特殊，交通便利，清新的空气和纯朴的民风，以及各式各样的民俗农趣丰富多彩，层出不穷，吸引大量城市居民前往拾趣尝鲜，特别是吸引了许多市内中小学建立社会实践基地，定期组织学生上岛活动。2005年全年上岛游客总量39万人次，实现旅游总收入2790万元，当年通过“全国农业旅游示范点”验收，被誉为南京的“城市后花园”。

登金陵凤凰台

李白

凤凰台上凤凰游，
凤去台空江自流。
吴宫花草埋幽径，
晋代衣冠成古丘。
三山半落青天外，
二水中分白鹭洲。
总为浮云能蔽日，
长安不见使人愁。

100 Volumes Of
JIANYE URBAN SYMBOLS
NO.
041-050

新城风景——建邺区居民住宅区概况

左邻风度 / NO. 041

拉德芳斯 / NO. 042

瑞阳尊邸 / NO. 043

金马郦城 / NO. 044

双和园 / NO. 045

云河湾花园 / NO. 046

嘉业阳光城 / NO. 047

苏建豪庭 / NO. 048

苏建艳阳居 / NO. 049

朗诗国际街区 NO. 050

根据区统计局资料显示，至 2005 年底，建邺区全区户籍人口 195682 人。其中男 95607 人，女 100075 人，性别比为 95.54：100，人口自然增长率为 2.41‰。

建邺区的居民居住分布呈北密南疏状态。形成这种状态的主要原因是 2003 年 10 月区划调整后划入区域范围后，占全区陆地面积五分之三以上的沙洲、双闸和江心洲 3 个街道正处在由城郊乡镇向城市化过渡阶段。由北向南 7 个街道的人口分布如下：南湖 46472 人，滨湖 41314 人，兴隆 26475 人，南苑 41778 人，沙洲 12575 人，双闸 14150 人，江心洲 12908 人。

建邺区的居民住宅分布特点与人口分布状态和城市建设进程密切相关，北部地区（不含江心洲）为建成区，居民住宅以公房和普通居民住宅小区为主，其中包括 20 世纪 80 年代，为安置大批回宁的下放人员，市政府在南湖地区兴建的大型住宅小区南湖新村（一期工程 276 幢，入住居民 1 万户计 4 万人；二期工程 53 幢，入住居民 2800 户，成为当时全市乃至全省最大的城市居民住宅区）。

中部地区为新建区，居民住宅以新世纪现代化中高档住宅小区为主，主要集中在奥体中心和 CBD 中央商务区周边，绝大部分为新世纪初配合河西新城建设而开发建造。据不完全统计，成规模（投资亿元以上，楼幢数在 10 幢左右）开发建设的居民住宅小区约有 30 余处，现已陆续建设完成，销售形式十分看好。仅 2006 年一年，居民住宅销售税收就达 5 亿元左右。未来数年间，这一区域将吸纳老城区约 5 万～ 10 万高素质的人口。

南部地区为待开发区，人口稀少，目前正处在规划和准备阶段。由于与江北浦口区隔江相望，处在南京市城市跨江发展大格局的对接区域，南部地区的发展前景无可限量。

Beautiful Landscape in the New Town——Residential Quarters in Jianye District

According to the data of the District Statistic Bureau, there is a registration population of 195,682 in total in Jianye District, wherein sex ratio is 95.54% with 95,607 male citizens and 100,075 females. The natural growth rate of population is 2.41‰.

The residence distribution in Jianye displays a pattern that is dense in the north and sparse in the south. The main reason forming the pattern is that, in October 2003 after zoning adjustment, the three street communities Shazhou, Shuangzha and Jiangxin Island, covering over 3/5 of the land area of the whole district, were in the transitional stage from suburban area to urban area. The populated distributions of 7 communities from the north to the south are as follows: 46,472 dwellers in Nanhu community, 41,314 dwellers in Binhu , 26,475 in Xinglong, 41,778 in Nanyuan, 12,575 in Shazhou, 14,150 in Shuangzha, 12,908 in Jiangxin Island.

The feature of the residential and populated distribution in Jianye correlates closely to the progress of urban construction. The northern area (excluding Jiangxin Island) is a built-up area, so the dwelling houses mainly include public housing and ordinary residential quarters, wherein including Nanhu New Quarter, a large-scaled residential quarter (276 buildings for the first-stage project, 10,000 families for 40,000 residents living in; 53 buildings for the second-stage project, 2800 families living in, it was the largest urban residential quarter in the city and even the province) built by municipal government in Nanhu community to accommodate large numbers of the original citizens who were transferred to countryside during the 80s of the last century.

The central part is the newly-built area of the middle and high class residential quarters in contemporary standards , mainly around Olympic Sports Centre and CBD, most of which were constructed in harmonizing with Hexi new town construction at the beginning of the new century. According to the preliminary statistics, now there are 30 or more medium-scaled residential quarters (with over hundred million Yuan of investment capital, around 10 residential buildings), which have been completed successively and the good sales of the properties are positive. Only in 2006, the property sales tax has reached 0.5 billion Yuan. It is expected that about 50-100 thousand people with good educational qualifications and income in the old town will be attracted to move into this area in the coming years.

The southern area, an undeveloped area with sparse population, is under planning and preparation at present. Since being separated by Yangtze River and facing Pukou District to the north and located in the prime location by Yangtze River for the river-crossing development of Nanjing, the southern area is promising.

100 Volumes Of JIANYE URBAN SYMBOLS

NO. 041

坐拥城西南——左邻风度

金陵南京，有六朝古都的深厚与内敛，古城墙内外的文化成为永久不衰的经典。

左邻风度楼盘式住宅小区，承袭了古文化的底蕴，享受着成熟的生活配套。在这里，不仅拥有城市生活最基本的设备，更加具备大城市中心的升级配套设施：距新街口仅1.9公里，交通网络四通八达；具备完善的医疗配置：人民医院、省中医院、妇幼保健院等仅咫尺之遥，再加上小区内部的环球医疗机构，足以保障全家一世安康；拥有全面的教育资源：南湖一小、南湖一中、南湖二中、南京审计学院、南京中医药大学、南京医科大学等知名学府遍布四周，与小区内引入的南艺树人艺术中心构成了完整的现代化教育体系。

坐拥城西南，左邻风度住宅小区占据了河西一块绝版领地。在南京城的新老市区交叉点上，集万千宠爱于一身，以其自身独有的光芒，为城西南的居住文化进行了新的诠释，注入了别样的内涵——健康生活 · 水岸一生！

100 Volumes Of
JIANYE URBAN SYMBOLS
NO.
042

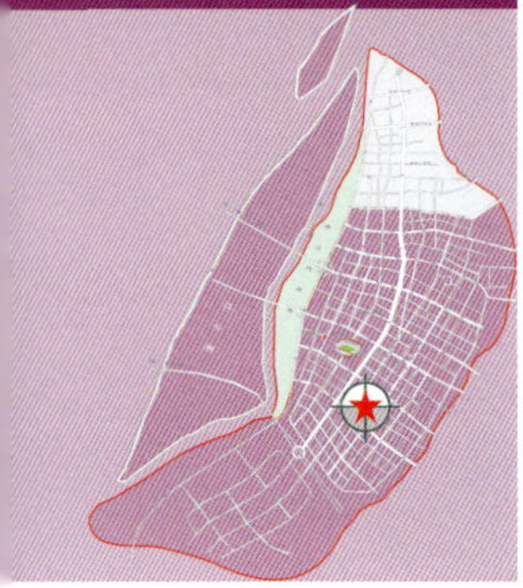

拉德芳斯
LA DEFENSE
新城·公园·生活

拉德芳斯
——城市理想高尚社区

拉德芳斯住宅小区是由江苏金大地集团投资、南京金高房地产有限公司负责开发建设的高层次、高品位的居住社区。

拉德芳斯位于河西新城南京奥体中心核心区域，整个项目占地122388平方米，规划住宅总建筑面积约28.5413万平方米。整个项目邻近河西新城中央商务区（CBD）8万平方米的中央公园，与地铁1、2号线相对接，充分享受新城发展带来全新生活体验。项目规划以低容积、高绿化为目标，南苑容积率为1.3，绿化率达到50%以上。

整个项目分为两块，南苑地块规划10幢叠加花园洋房，8幢阳光小高层，3幢高层住宅；北苑则有9幢高层住宅。整个项目的设计规划、景观规划由香港著名建筑师何显毅负责设计，体现城市花园建筑的气派和豪华，使之成为城市中产阶级理想的高尚住宅。

目前整个南苑地块已经基本全部售罄，交付，而北苑地块高层基本全部封顶，在不久的将来，一座充满生机活力的高尚社区将会呈现在世人面前，成为河西新城一道亮丽的风景线。

爱格拉斯整体橱柜贺云河湾业主乔迁之喜！
云河湾业主购买 爱格拉斯橱柜

100 Volumes Of
JIANYE URBAN SYMBOLS
NO.
046

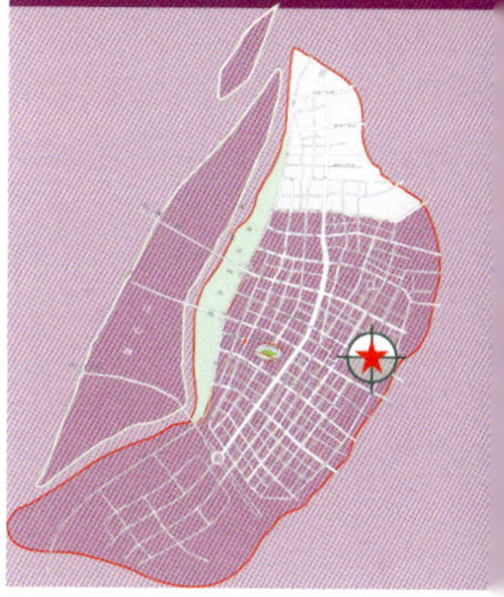

云河湾花园

云河湾花园是由南京建邺城镇建设开发集团有限公司（建邺开发集团）投资兴建的中高档住宅小区。

云河湾花园位于建邺区集庆门大街东端，毗邻外秦淮河，周边有新建的“缤纷南湖”商业街区环绕，是南湖一带新兴的现代化住宅小区代表之一。

该小区占地面积37347平方米，建筑面积94355平方米，绿化面积23000平方米，设计为7幢（合计近400套）小高层住宅，总投资2.5亿元，于2003年12月开工，2006年6月竣工，目前已全部销售完毕。

云河湾花园住宅小区的开发建设，依照“健康、时尚”的规划理念，坚持以人为本，在环境设计、楼盘内部规划、建筑材料等方面满足现代人对健康住宅的追求。是全国首家成功投保住宅质量保证保险楼盘和2A性能认证小区，荣获江苏省优秀住宅金奖，与建邺开发集团兴建的江苏省首家3A性能住宅小区——金鼎湾花园二期等建设项目同属南京房地产界的知名楼盘。

开发商：南京苏建房地产
承接商：南京圣鹰安防系统工程有限

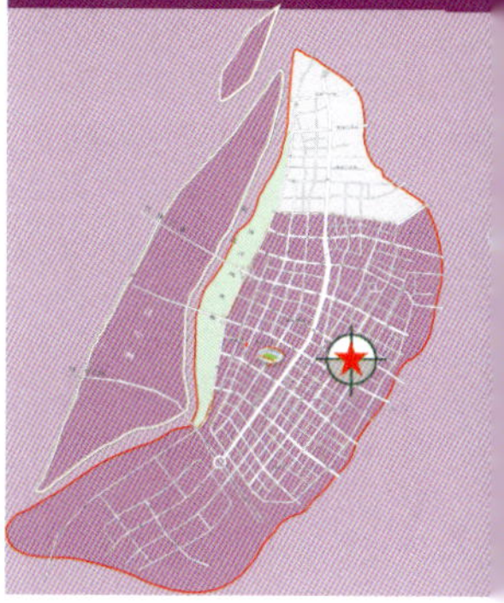

苏建豪庭

苏建豪庭地处连接南京市河西新城区与老城区的主干道——应天大街南侧，庐山路东侧，毗邻新城副中心，沿街便是目前为止南京规模最大的赛虹桥高架桥。

小区总用地面积42700多平方米，总建筑面积10.78万平方米。小区规划有7栋多层住宅楼、3栋小高层住宅楼、2栋高层住宅楼。该小区为河西地区新建的CBD现代化小区，建筑退让间距达1:1.3以上。总体布局北高南低，保证了充足的阳光，提供了良好的通风，充分体现了人居环境的舒适性。

小区在整体上本着以人为本的建造理念，在建设过程中，努力创造生动活泼、尺度宜人的群体空间，扩大了两个居住单体之间的山墙间距，使整个小区形成连续的绿化空间。中心设置了多个主题广场——亭台、楼阁、小桥、流水……美景交相辉映，让住户在繁忙的工作之余获得家庭的温馨。小区整体高低变化，错落有致，空间丰富，风格优雅、明快。整个楼盘套型设计合理、布局经典、户型多样，充分考虑不同阶层人士的不同需求，更有一万多平方米的超大型地下车库，为购车一族解决了后顾之忧。

小区的景观设计尊贵、大方、稳重。规划及园林设计、绿化标准、园区设施等方面都参照国际标准，聘请名师担纲。整个环境在符合现代化生活的同时，亦带有古典园林的韵味。西面景观河道，让业主在“小桥，流水，人家”的意境中享受每一天。在小区交通方面，充分考虑主次入口，交通便利。小区临近多条公交线（48路、39路、82路、86路）和地铁2号线所街站，近临南湖社区服务中心，商业网点密集，农贸市场、幼儿园、医院、学校、邮局、加油站、大型超市一应俱全，日趋成为成熟的生活社区。

苏建艳阳居

苏建艳阳居位于建邺区黄山路与应天大街交汇处，是由四幢高层与四栋多层住宅组成的高尚居住区，整个用地呈南北向分布，从东边的多层住宅入手，由一系列的转折，过渡到西边的高层已和道路完全垂直。在平面布局上，高层与多层有机结合，借由城堡意象反映出现有景观聚气所在，使整个小区布局形象生动。

小区主要出入口临近黄山路，次要出入口居于小区的南侧，地下汽车库布局合理，配套设施齐全。

在小区景观空间的设计理念上，引用“以雅造园，情由景生”的设计理念，着重强调景观的参与性，叠水造型，灵韵十足，阳光草坪，休闲绿廊、艺术景亭等休憩小品点缀其间，同时深化“家”和“居”的人文主义主题，以高品质的雅致景观提升业主身份和品位。

随着河西新区奥体中心的落成，该项目周边交通快捷、便利，多条公交线路经过（61 路、133 路、92 路、803 路），向东一站路即为南京市最大的立交桥——赛虹桥立交，驾车 10 分钟左右便可到达主城新街口地区。目前奥体中心周边的基础配套已基本到位，苏建艳阳居已成为日益成熟的生活社区。

苏建地产

新城人文
——建邺区文化体育卫生事业概况

江苏省科学历史文化中心 / NO.051

南京审计学院体育馆 /NO. 057

金陵图书馆新馆 / NO.052

建邺区社区体育中心 /NO.058

景尚银谷文化休闲街区 / NO. 053

南京市建邺医院 /NO.059

建邺区文化馆 / NO. 054

南京明基医院 /NO.060

建邺区图书馆 / NO. 055

建邺区区级医疗服务中心 /NO.061

南京奥林匹克体育中心 / NO.056

【文化】建邺区现有市级文化设施 1 处（金陵图书馆新馆，在建），区级文化设施 2 处（区文化馆、图书馆），街道邻里中心文化设施 7 处，社区（村）文化设施（文化广场）近 200 处；有音像零售出租点、书店、书报刊亭、游戏机厅、歌舞厅和演出场所、网吧等各类文化经营场所 179 个；有各级文物保护单位 9 个（省级 2 个，市级 5 个，区级 2 个）。

近年来，为迎接“十运会”，实现区委、区政府建设“文化建邺”的目标，在区文化局以及有关部门的共同努力下，建邺文化异彩纷呈，各类群众文化活动走进社区、走进乡村、走到市民百姓的身边，各类业余文艺团队也如雨后春笋不断涌现，大大丰富了群众的文化生活，有效提升了建邺的知名度。未来几年里，随着河西新城建设步伐的不断加快，作为“三轴心”之一的文体轴心也将以崭新的面貌呈现在世人面前。

【体育】建邺区现有各级体育设施 200 余处（含院校体育场馆）。其中，省市级大型综合性体育设施 1 处（奥体中心），区级体育中心 1 处，街道邻里中心体育设施（中心社区文体站）7 处，社区（村）体育设施（健身点）近 200 处，体育设施覆盖率达 100%。

全区已形成“一体三网”的总格局。即全民健身服务体系和以区体育总会为龙头，以各单项体育协会为骨干队伍的社会群体网络（20 个单项体育协会近万名会员）；以区全民健身指导委员会为龙头，以各街道和社区（村）文体工作站为主要骨架的社区群体网络（7 个中心社区文体站、64 个社区文体小组、100 多支群体队伍，近 5 万名群众健身会员）；以社区各单项体育俱乐部、会所及体育经营场所为骨架的体育产业消费群体网络（15 个营业性健身场所 5000 余名健身会员）。竞技体育蓬勃发展，南湖一中、莫愁湖小学被评为市体育足球特色学校，南湖一中还被评为省传统体育特色学校。此外，拳击、散手、女足等市队区办队在历次省级比赛中成绩斐然，区体育局和各街道屡获国家级和省市级专项表彰。2005 年，为配合“十运会”召开，先后举了“与‘十运’同行——1.2 万人太极拳广场展演”（创世界基尼斯纪录）、全国“德盈杯”龙狮精英赛、全国第十五届城区体育工作研讨会等重大体育活动。

【卫生】建邺区现有省属医疗机构 1 个，区属医疗机构 10 个，市、区发证的个体诊所及社会办医机构 69 个。全区卫生系统在职职工 775 人，其中卫生技术人员 622 人（含医生 306 人，护士 163 人），核定床位 300 张，实际开放床位 260 张。2006 年全年门诊、急诊 64.295 万人次，收治住院病人 2909 人次，床位使用率为 71.98%。

随着河西新城建设的快速发展，城市新增人口急剧增加，卫生医疗配套设施和服务与未来的需求有一定的差距。近年来，建邺区卫生局重点进行了新城医疗机构的布局与升级建设。2007 年，将有 1 家大型综合性医院（台资明基医院 1500 张床位），1 家区级中心医院（二等甲级共 540 张床位）相继建成投入使用，以满足人民群众的健康保健需要。

The Humanity and Cultural Affairs of the New Town—the General Situation of the Culture, Sport and Medical Service in the Jianye District

【Culture】In Jianye District, there is one municipal-level cultural facility(the Jinling New Library is under the construction), two district-level facilities (the District Culture Hall and Library), seven neighborhood centers cultural facilities, and 200 in the community(residential zones); in addition, there are 179 places providing various culture-related service, for instance, video retailing and renting sites, bookshop, magazine and newspaper booth, computer-game shop, ballroom, performing sites, internet cafe etc; and 9 heritage protected units at all levels (2 at province-level, 5 at municipal-level, 2 at district-level).

In the resent years, in order to successfully hold "the Tenth National Sports Games" and realize the goal put forward by the District Party Committee and District Government to build the district into a cultural district, the rich and colorful cultural activities are booming in Jianye under the management and promotion of the District Culture Bureau and other related departments. For example, all kinds of the mass cultural activities are conducted in the communities and the quarters involving nearly every citizen. Moreover, various amateur literary and art groups unceasingly spring up like the mushrooms. As a result, the general public has the more abundant cultural lives, and the Jianye District has effectively gained fame. In the following several years, as the construction of the Hexi New Town is constantly accelerated, the Jianye District will present the brand-new image to the public as one of the three cultural centers.

【Sport】There are more than 200 sports facilities at all level in the Jianye District (including the gyms of the academies). The coverage ratio of the sports facilities is up to 100%, including one large-scaled comprehensive sports facilities at the provincial and municipal level (the Olympic Sport Center), one at the district-level, seven in the neighborhood (the community cultural and sports center), 200 in the community (residential zone).

The whole structure of the "one system with three networks" had been formed in the district. The first network is the social group network (20 single item sports associations with nearly ten thousand members), in which the fitness service system for the entire people and the district sports association are the leading force, and the single-item sports associations are the backbone. The second is the community network (seven community culture centers, 64 community culture and fitness groups, 100 teams, nearly 50 thousand fitness members from the general public), in which the district fitness guidance committee for the entire people in the district is the leading force, and the literary and art workstations in each streets and communities (residential zones) are the backbone. The third one is the network of consumption group of the sport industry (15 fitness centers with more than 5000 members) which is constructed by the community sports club, chamber and the sports service centers. The competing sports in the district are full of vitality. For example, the Mo Chou Lake Elementary School was rewarded with the title of football base school in Nanjing, and the Nanhu First Middle School was rewarded for its distinctive traditional physical education in the district. In addition, the District Sport Bureau and each streets have frequently receive the honor for the special items because of the outstanding performance of the municipal and district teams in the contest of boxing, scattered fight and the women football in the all previous province-Level competition. In 2005, for the sake of cooperating with the holding of the "the Tenth National Sports Games", the large-scaled Sports activities have been hold, such as the "going along with the Tenth National Sports Games"—the shadowboxing demonstrated by 12 thousand people in the square (Setting a Guinness world record), the nationwide "Deying Cup" Dragon and Lion Elite Contest, and the 15th Symposium of the National Urban Sports Work.

【Medical Service】In Jianye District, there is one medical service institution subordinated to the provincial government, 10 medical institution subordinated to the district, 69 individually or privately funded medical service institution with the license issued by the municipal or the district. The medical system in the district has 775 employees in active service, of which 622 are the medical professionals (including 306 doctors and 163 nurses), as well as 300 beds, of which 260 are available to the public. In the 2006, the person-times of emergency treatment in the whole year were 642.95 thousand; the accepted and the treated inpatients were 2,909 person-times; and the bed utilization ratio is 71.98%.

As the rapid development of the construction of the Hexi New Town and the sharp increase of the newly increased population in the city, the supporting facility and service in terms of sanitation and medical treatment are yet to meet the demand in the future. In the resent years, Jianye Public Heath Bureau has put the emphasis on the overall construction and upgrading of the medical institution in the new town. In 2007, there will be a large-scale comprehensive hospital (BenQ Hospital invested by the Taiwan businessman) and a district-level center hospital (having 540 beds at second-class and first-grade) open to the public successively so as to meet the demand from the people for their health and fitness.

江苏省科学历史文化中心

江苏省科学历史文化中心是由江苏省科学会堂、省方志馆、省文联办公楼、省作家协会办公楼和光之厅等5个区域单位组合而成的建筑群。项目位于梦都大街北侧，东西两侧分别为黄山路和恒山路；总用地面积27153平方米，实际使用面积18218平方米，总建筑面积近4万平方米，总投资额1.6亿元；2005年3月8日开工建设，预计将于2007年底竣工并交付使用。

科学历史文化中心外观造型酷似一只展翅欲飞的大鸟，其核心建筑是被称为“光之厅堂”的中央光阁建筑，籍着这个新颖的大型透明光阁和其舒展的两翼，象征着科学历史文化中心是向广大公众开放的理想空间。

光之厅堂的基本设计是一个被精心塑造、轻盈飘逸的光阁顶部构造覆盖的独立大门厅，科学、文学艺术和历史文献三个不同功能的展览空间融合于此，同时也适用作为各种专题展览及大型活动场所。省科协和省文联、作协的办公楼作为光之厅的两翼，通过两部钢结构楼梯与光之厅相联系。江苏省科学会堂位于光之厅东侧。

江苏方志馆是科学历史文化中心建筑群中一个重要组成部分，位于光之厅堂北侧建筑主轴上，总建筑面积5000余平方米。该馆具有收藏、展览、科研、编纂、学术交流和志书资源开发利用以及面向江苏、服务社会等多种功能。

江苏省科学历史文化中心不仅是河西新城一个引人注目的现代化标志性建筑，同时更是江苏建设文化大省的一项基础文化设施。

100 Volumes Of
JIANYE URBAN SYMBOLS
NO.
051

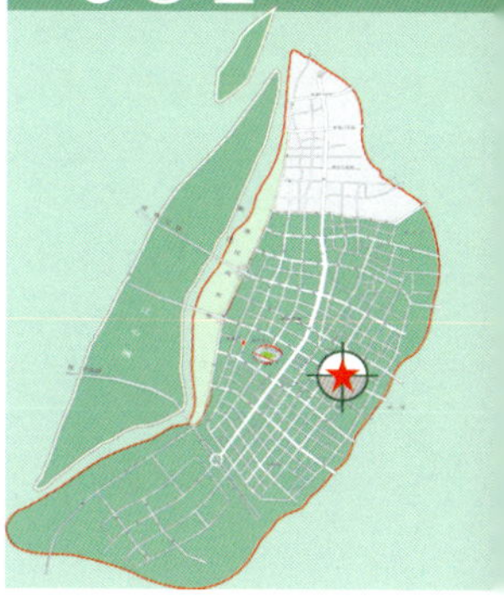

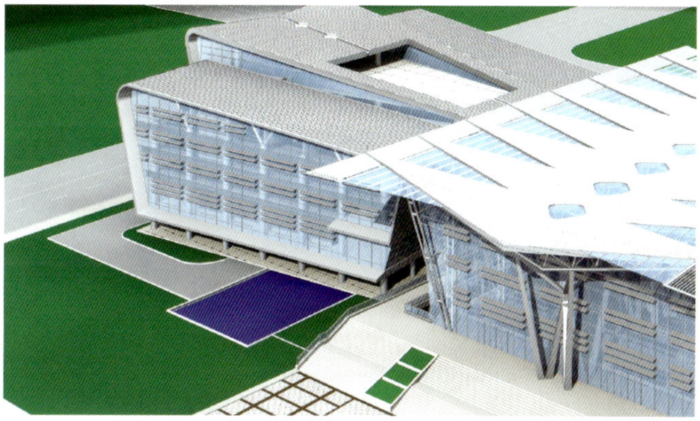

琢石成玉——金陵图书馆新馆

2006年，居住在南京河西新城的居民欣喜地看到，一座崭新的建筑——金陵图书馆新馆（原址在长江路262号）正一天天地“茁壮成长”。

金陵图书馆新馆选址在河西新城区的核心区域，位于南京奥体中心西侧，南邻艺兰斋美术馆，是河西新城区的重要的、标志性的公共文化设施和“南京市河西新城区体育文化聚集区的一个典型建筑”。

金陵图书馆新馆建设项目自2003年11月经批准立项，在南京市委市政府的关心和支持下，由南京市国资集团代为建设。该项目采用东南大学建筑设计院的“琢石成玉”设计方案，用地面积38641平方米，总建筑面积25000平方米，设计馆藏容量200万册，阅览桌席1500个，内设借阅室、报告厅、展览厅、多功能厅、视听室、电子阅览及教育培训等多功能的服务设施。新馆工程于2005年10月28日开工建设，2006年10月完成结构封顶，预计将于2007年7月竣工。

金陵图书馆新馆作为一个集学习阅读、信息交流、文化休闲等功能为一体的信息化、网络化、智能化、安全环保、具有鲜明时代风格和人文蕴涵的公共图书馆，是南京市精神文明建设的重要公共文化基础设施，也是南京市重要的文献资源保障中心、公共信息导航中心、阅读指导教育中心和全市图书馆事业发展的协调指导中心。

景尚银谷文化休闲街区

“景尚银谷文化休闲街区”位于奥体中心附近沙洲工业园，紧邻南京明基医院和地铁1号线“中胜站”出口，总用地约8公顷。投资该项目建设的南京金榜景尚银谷文化发展有限公司是金榜集团的全资子公司。

“景尚银谷文化休闲街区”是集演艺、餐饮酒店、体育运动、休闲娱乐等于一体的全新产业模式。包括“火红岁月”主题餐厅和“观宴”主题餐厅、时空剧场、金沙高尔夫练习场、网球场、经济型酒店、桑拿、酒吧、垂钓中心等。其中“火红岁月”主题餐厅已经于2006年11月1日隆重开业运营，“观宴”餐厅拟定于2007年4月8日开业。预计2007年6月底前，“街区”所有项目将陆续投入运营，充分实现“全方位”、“一条龙”的规划与服务理念，以满足人民群众日益增长的物质文化需求。

“火红岁月”主题餐厅占地1000多平方米，拥有餐位700多个，停车泊位充足，是一家集演艺、餐饮于一体的文化主题餐厅。红色经典剧目的演绎、周恩来总理乘坐过的红旗轿车、火红年代的老报纸、老照片等以及一道道特色农家土菜带来视觉、听觉、味觉的多重享受。餐厅通过将红色文化、怀旧文化的视听与餐饮的完美结合，营造出各类婚庆商务宴请、同学好友聚会、三两知己小酌的个性天地，为顾客带来精神与物质上的双重享受，受到广泛欢迎。

“观宴”主题餐厅也是一家集演艺、餐饮于一体的文化主题餐厅。在室内外环境设计上以“江南水乡”为主题，在演艺方面以江南戏曲曲艺如越剧、黄梅戏、昆曲、苏州评弹等为主，使传统艺术与时尚元素结合，力求为顾客带来全新的视觉与餐饮享受。

100 Volumes Of
JIANYE URBAN SYMBOLS
NO.
053

时空剧场是一座采用目前国际上最先进的“约顿”大跨度气膜建筑，占地约3000平方米。由香港演艺场所的专业设计公司ARES对剧场内部环境及其特殊音响进行设计。演艺主题将以时尚、热烈的现代歌舞为主。

定位于国际一流水准的金沙高尔夫标准练习场，无论是球场草坪设计还是地下管道铺设，以及档位设计等方面，都严格按照国际标准进行设计施工，并配有先进养护设施和专业养护人员。是高尔夫爱好者绝佳的专业练习场所，计划于2007年6月20号日开业运营。

网球场和羽毛球场采用与时空剧场相同的气膜建筑，展现欧洲风格的体育休闲场所。球场占地面积7000平方米（其中室内占地4000平方米），建有4个标准的室内网球场和4个标准的室内羽毛球场。另有4个采用夜间灯光设计的室外标准网球场。

建邺区文化馆

建邺区文化馆坐落在风光秀丽、景色宜人的南湖湖畔。自1950年建馆以来，一直以文化工作成绩显著而享誉全市。1990年被国家文化部授予“全国先进文化馆”称号，1996年至今已连续十年在全市群文工作评比中荣获一等奖，并于2003年被国家文化部授予首批全国一级文化馆，2006年被列为江苏省十大文化馆之一。

近几年来，文化馆干部创作的声乐作品《老师的琴声》、舞蹈《阳光下的高原》、民乐《古城思》、摄影《春满人间》、童声合唱《红领巾与大眼睛》、童谣《我和时间来赛跑》等数十件作品获全国、省、市各类大赛金奖；论文《试论社区文化建设和全面建设小康社会》、调研报告《春色满园秀》、《人才蕴藏在楼群里》、作品《幸福处方》等几十篇文章在全国、省、市各类比赛中获金奖并在有关刊物上发表。

馆内设有文化活动室12个，拥有现代化办公设备、制作一流的录音棚和钢琴学校；馆办文艺团队10余支，其中：“欢欢”男童声合唱团、“和平鸽”艺术团、“莫愁”民乐团、“小燕子”艺术团、“春之声”合唱团、“莫愁”老人书画会等在南京市群文团队中享有盛誉；近年来，文化馆在广场文化活动和社区辅导培训方面贡献突出，举办的大型歌会、大型晚会、大型比赛等大型广场活动达几百场之多，培养的艺术人才在全国、省、市各类比赛中获金、银奖若干。

目前，文化馆正以“建一流队伍，创一流服务，树一流形象，争一流业绩”的精神，在区委区政府的领导下，为繁荣和谐的现代化新建邺而努力奋斗。

创文明城市”暨兴隆街道庆国庆文

构建和谐新建邺

100 Volumes Of JIANYE URBAN SYMBOLS

NO. 055

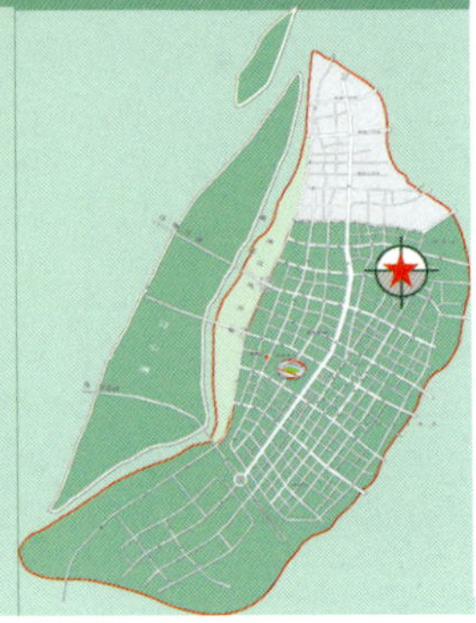

建邺区图书馆 JIANYE LIBRARY

建邺区图书馆是公益性质的全民事业单位，成立于1980年1月1日，原位于石鼓路149号，现暂租湖西街1号过渡。

搬迁后的图书馆于2004年11月2日重新对社会开放，目前总建筑面积约2600平方米。图书馆内设阅览室、外借处、电子阅览室、培训室，多功能厅等，总藏书量为12.3万册，年报刊订阅300余种，全年对外开放，为国家一级图书馆，江苏省文明图书馆。该馆以全心全意为读者服务为宗旨，为广大读者免费提供图书借阅、报刊阅览及各种信息检索服务；开展各种读书征文、朗诵演讲等比赛活动；开设各类讲座、培训等辅导班。

图书馆现拥有办证读者3000余人，年流通人次7万余人，书刊外借册次12万余册次，各项业务指标均居区县馆前列。图书馆近两年举办各类特色活动30余场（次），参与读者人数近3万人。还积极拓展服务空间，已有流通服务点17个，并定期上门服务。

图书馆主要服务项目简介

一、图书外借服务：个人凭借书证可自行借阅本馆外借处图书。

二、阳光计划 （集体证）：专为企事业、机关等单位开设图书流动服务点。只要单位提出申请，按所需册数交纳一定押金，即可由图书馆根据借阅单位的需要提供各类图书，并负责定期调换、送书上门。

三、报刊杂志阅览服务：年订阅各类报刊杂志300余种，目前阅览室免费对广大读者开放，节假日正常开放。

四、电子阅览室上网服务：电子阅览室内设百兆网速电脑，共有1500多张电子光盘，各类学术期刊、电子图书、视听资料、电子软件近900种，百兆宽带，可供读者上网查询资料，检索信息，阅读电子图书。

五、读者个人成果跟踪服务：专门为专家、学者和有突出贡献的科技人才及从事理论研究的专业人才提供跟踪服务。

六、举办各类培训班：该馆为江苏省文联书画考级培训基地、书画考级点，常年举办书画培训班，主要培训对象为热爱书画艺术的中小学生。“蓝色橘子画室”培训项目为儿童画，主要培训内容为色彩应用及儿童画技法。

是人民的终身学校

图书捐赠
卫生室

红领巾读书班
开心阅读 快乐成长
滨湖街道关工委 建邺区图书馆
红领巾读书班
启动仪式

关心时事掌握信息与时俱进

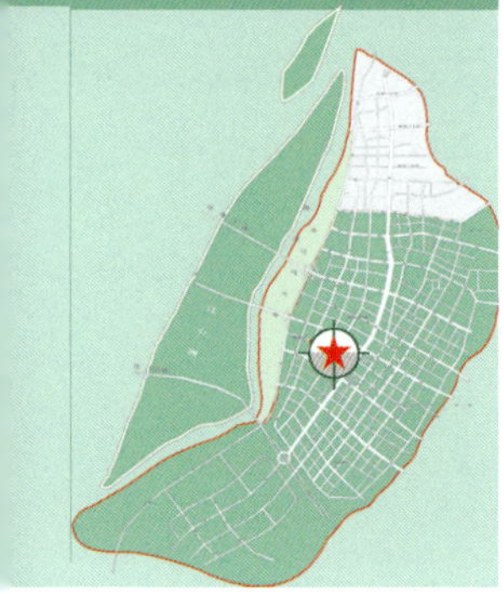

南京奥林匹克体育中心

南京奥林匹克体育中心（简称“奥体中心”）位于建邺区中心区域，西南面是南京地铁1号线终点站，东面是纵贯河西新城的江东大道和中央商务区（CBD），占地约88公顷，是河西新城的标志性建筑群。

奥体中心总建筑面积40万平方米，总投资40亿元。由能容纳6.2万名观众的露天体育场、能容纳1.3万名观众的封闭式体育馆、能容纳0.4万名观众的游泳馆（水上运动中心）、能容纳0.8万名观众的网球中心和体育科技中心（兼新闻中心）五大主体建筑及排球馆、垒球场、交通工程、环境景观、能源中心等一系列配套设施组成，是2005年第十届全国运动会的主会场。目前是2008年北京奥运会举办前国内最具规模、功能最全、技术标准最高、环境最美的综合性大型体育建筑和体育公园。

位于科技中心的观光塔，是我国第一座建立在体育设施内部的钢结构观光塔。塔身高145米，观光平台位于塔高101.7米处。圆形的观光平台中部是由落地玻璃围成的休闲空间，外围则是有栏杆围挡的露天观景平台，可纵览新城全景。塔上配有两部观光电梯，长年对外开放，供游人参观。

奥体中心建成后，除承担“十运会”主场馆的任务外，还先后举办过多次各种类型的国际体育比赛和大型文娱演出活动。尤其是封闭式体育馆的主副馆，均设有冰上运动比赛场地，且不受季节气候影响，使全国运动会夏季、冬季比赛项目首次得以同时进行，也使得南京成为北京以南唯一能承办世界级冰上项目比赛的城市。

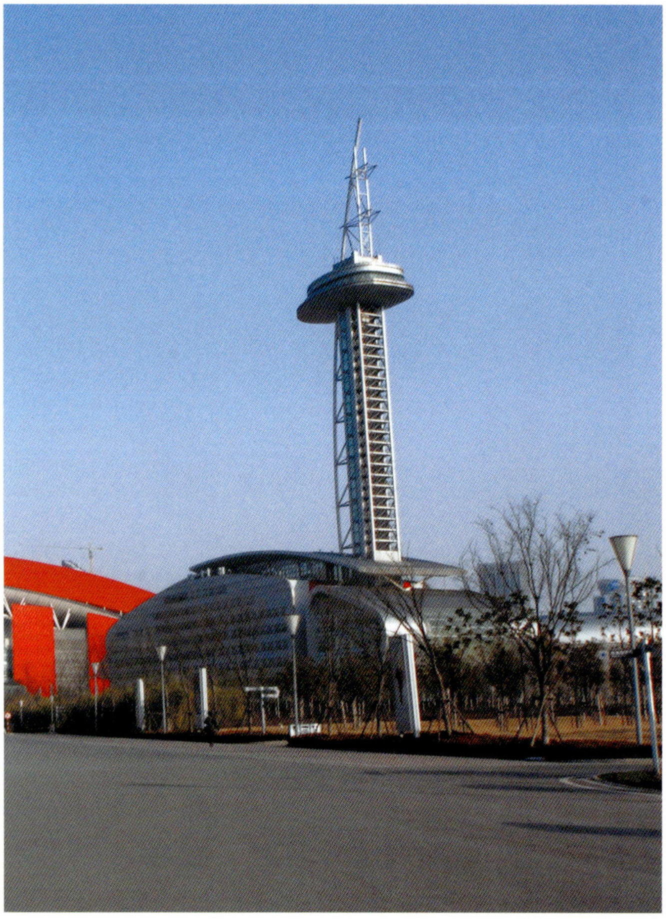

南京审计学院体育馆

南京审计学院体育馆是南京审计学院投资兴建的中大型封闭式体育馆，位于汉中门大街南侧，西南向与奥体中心毗邻（约4公里），东向距市中心仅3公里，交通十分便利。

体育馆总建筑面积11010平方米，比赛主场总面积1520平方米，净高18.5米，观众席总设计座位2500个，拥有三色大屏显示设备和电子信息处理系统。

馆内有500平方米的工作用房，另配有400平方米的乒乓球室和健美操房。馆内拥有冷暖空调设施。地下停车场总面积为940平方米。

南京审计学院体育馆于2004年6月完工并投入使用，先后成功地承办了2005年7月中旬举行的“全国武术对练精英赛”和同年10月中旬举行的“第十届全国运动会武术套路决赛”。

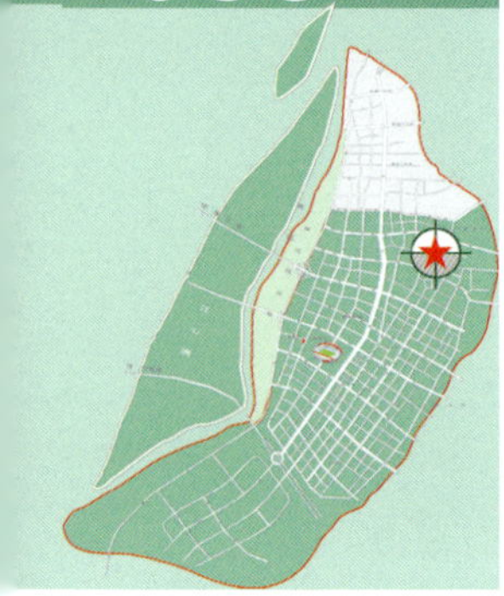

建邺区社区体育中心
Sports Center

建邺区社区体育中心位于南湖西侧。

2005 年，区体育局新建 400 米标准体育场和总面积 2 万多平方米的体育大厦 [新楼]，并完成老体育馆的出新改造，既改善了南湖地区的群众生活环境，又为南湖一中学生上课和体校运动员教学训练提供了良好的场地保障。2005 年 10 月 8 日，“建邺区第六届运动会暨首届社区运动会”在新落成的体育场举行，省市各界领导和全国城区体育工作研讨会的代表出席，这是建邺区乃至全省规模最大、反响最深的区县级运动会，为宣传新城建设起到了很好的宣传效果。

新改造的老体育馆，一楼设置了儿童娱乐世界，二楼设置了轮滑馆和健身馆，三楼设置了篮球馆、乒乓球馆，四楼设置了羽毛球馆，五楼为充气膜馆，极大地方便了南湖地区老百姓的业余生活。

位于南湖公园旁的极限滑板场，是全国最好的极限滑板场，每年都举办各种比赛和青少年培训班，为国家培养和输送了许多滑板运动员。

以上场馆均对社会开放，在取得巨大社会效益的同时，也取得了良好的经济效益，为发展城区体育事业起到了积极的作用。

运动之区 健康之区 活力之区

"德盈·金陵王府杯"
全国龙狮精英赛
主办：国家体育总局社会体育指导中心
狮
跃
新

100 Volumes Of JIANYE URBAN SYMBOLS

NO. 059

南京市建邺医院

南京市建邺医院始建于1932年，是一所具有70余年历史的综合性医院，目前已发展成集医疗、康复、预防、保健、教学、科研为一体的二级综合性医院，同时也是南京中医药大学的实习医院。2002年11月，该院成立了“南湖社区卫生服务中心”，为省、市首创。2004年12月18日被市政府增设为“南京市第二惠民医院”。2005年5月加盟“南京市第一医院集团”。

现医院地处南湖小区中心，占地面积4350平方米，辖区内服务人群近30万，年门诊量20多万人次。医院新址毗邻奥体中心，扩展面积23300平方米，现建筑面积4600平方米，新址扩建面积36000平方米。

医院现有在职职工207人，其中卫生技术人员占85%，高级职称17人，中级职称69人。设有内科、老年康复、外科和妇科病区及临床医技科室30余个。现编制床位130张，实际开放100张，新址拟建250张。设有内、外、妇、儿、五官、口腔、中医、康复、预防保健、健康教育等临床科室。重点科室有心血管、消化、骨外、肛肠、泌尿等专科和糖尿病、高血压、周围血管病等专病门诊。主要设备有GE螺旋CT、意大利摄片机、胃肠机、电子胃镜、肠镜、彩色乳腺诊断仪、全自动生化分析仪、血液流变测定仪、彩色B超、彩色多普勒心脏检测仪、24小时动态心电图诊断仪、24小时动态血压测定仪、心电监护仪、除颤仪、全自动呼吸机、血透治疗仪、机体康复功能锻炼设备及医院计算机管理信息系统等。

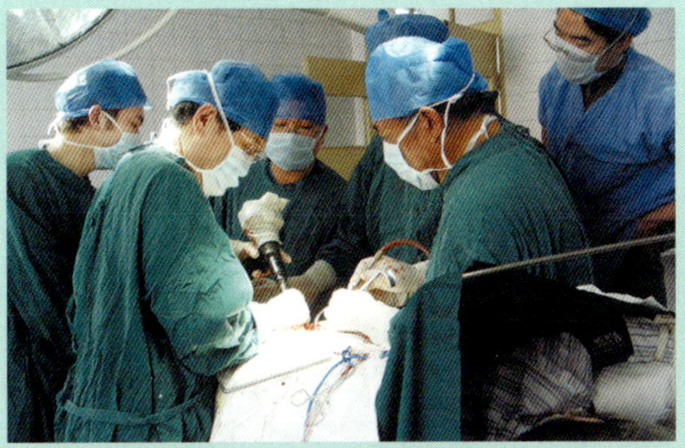

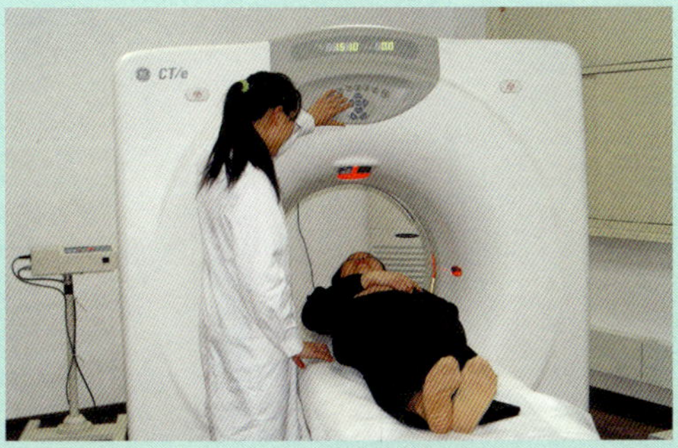

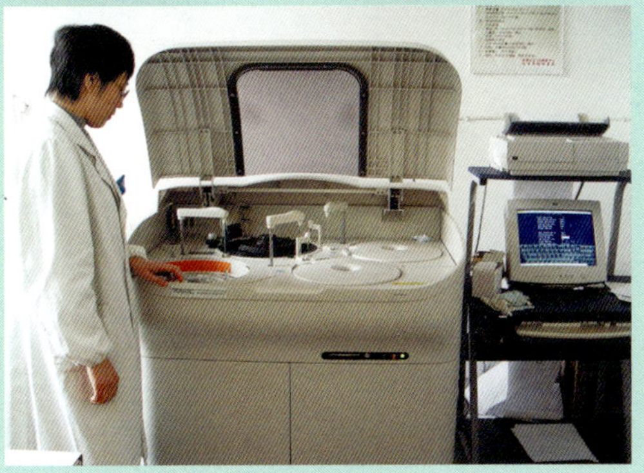

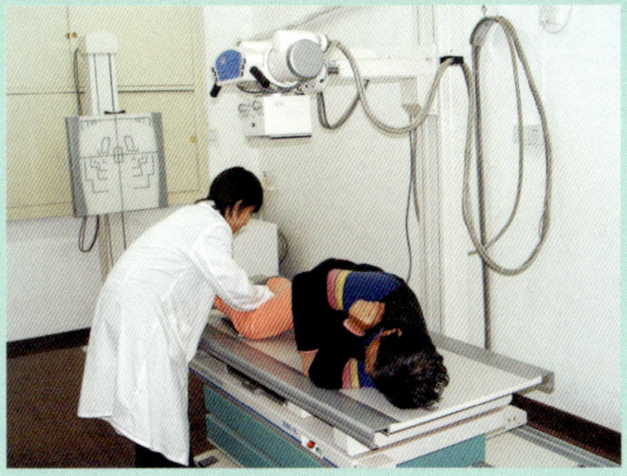

诚信 和谐
南京市第二惠民医院
南京市建邺医院

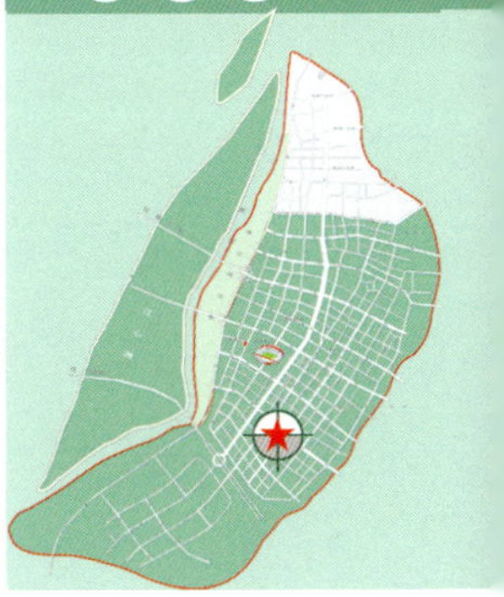

BenQ Hospital

南京明基医院

明基医院，系台湾明基集团本着回馈社会的精神，以服务广大民众为目的，并获得政府大力支持而筹建的综合性医疗机构。期望藉由明基集团长期对医药生技产业的观察，结合投资管理的成功经验，引入台湾医学中心医、教、研、管的优异水平，推动两岸的经济与医疗卫生合作，不断提高医疗技术水平，使明基医院达到国际一流水准，服务民众，造福社会。

南京明基医院，选址于河西新城区要地。河西新城为南京市政府重点发展区域，明基集团因时制宜，选择河西新区南侧 40 公顷地块营建医院，填补了这一区域无大型综合性医疗机构的空白。基地周边有地铁 1 号线（明基医院 · 中胜站）、2 号线（明基医院 · 中和村站）通过，临近奥体中心，既符合南京都市整体规划，同时也切合广大民众的需求。

南京明基医院首期规划床位 1500 张，将于 2007 年第 4 季度盛大开业；2010 年，将综合二、三期发展至 3000 张床位的综合性现代化医院。

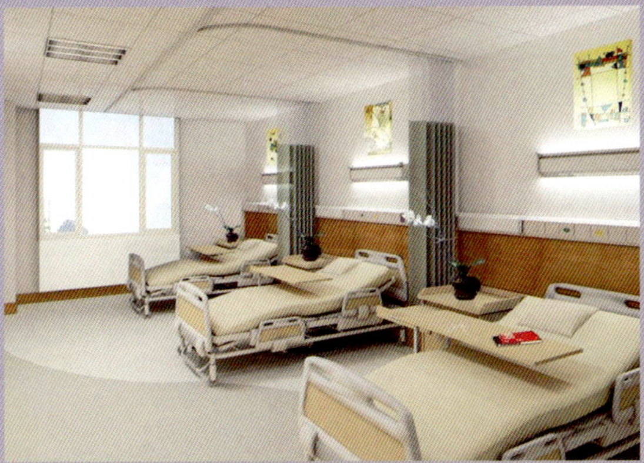

建邺区区级医疗服务中心

“建邺区区级医疗服务中心”项目，是建邺区委区政府以区财政投资为主建设的新区基础配套设施，由建邺区新区建设办公室承担建设任务。

该项目位于奥体中心北侧。包含区级综合医院(二级甲等)，区妇幼保健所，区卫生监督所，区疾控中心，老年疾病护理院，区社区信息指导中心六大子项及车库、餐厅、室外绿地、运动场地等辅助设施。预计 2007 年 10 月份可交付使用。

该项目为整体立项、统一规划，总占地 4.6 公顷，总建筑面积 6.58 万平方米，其中医院 3.57 万平方米，医政部分 9300 平方米，老年疾病护理院 1.26 万平方米，社区信息中心 5000 平方米，辅助设施 3200 平方米。总容积率 1.27，建筑覆盖率 24.8%，绿化率 42%，医院主体为 12 层的小高层，医院裙楼 4 层，其余建筑均为多层，总停车位 280 辆。总投资约 2.19 亿元，其中工程费用约 1.68 亿元。

医院部分根据二等甲级医院建设规范要求，建成后，共设 300 张床位，并设置治疗中老年疾病为主的内分泌专科医院及区级综合医院;老年疾病护理院部分 240 张床位;医政及社区信息服务中心主要为面向全区居民，承担公共基础医疗防护、指导及社区服务等工作。

100 Volumes Of
JIANYE URBAN SYMBOLS
NO.
061

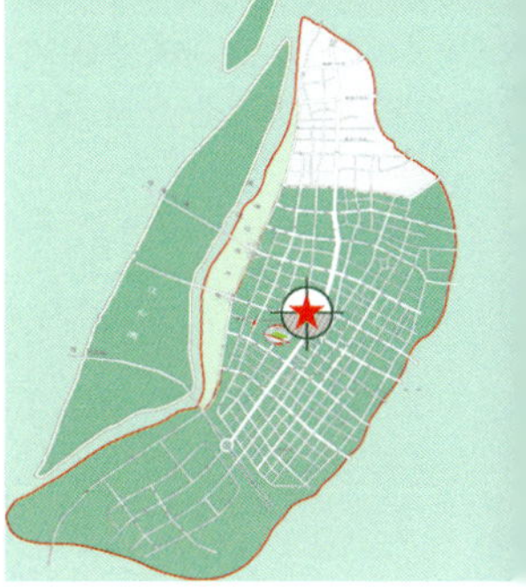

门诊楼效果图

100 Volumes Of
JIANYE URBAN SYMBOLS
NO.
062-078

新城文脉
——建邺区教育事业概况

南京晓庄学院莫愁校区 / NO.062

江苏广播电视大学建邺分院 / NO. 063

南京金陵中学河西分校 / NO. 064

南湖高级中学 / NO. 065

南京高等职业技术学校 / NO. 066

南京市莫愁中等专业学校 / NO.067

南湖一中 / NO.068

南京致远外国语小学 / NO. 069

南京市莫愁湖小学 / NO. 070

南京晓庄学院第一实验小学 / NO. 071

南湖二小学 / NO. 072

南京市江东门小学 / NO. 073

双闸中心小学 / NO.074

南京市江心洲中心小学 / NO. 075

南京市第五幼儿园 / NO. 076

世纪星幼儿园 / NO.077

建邺区实验幼儿园 / NO.078

建邺区内现有各类学校 69 所。其中省、市属大、中专院校共 7 所，广播电视大学 1 所，中学 12 所（其中民办中学 2 所），小学 25 所（其中国有民办外国语小学 1 所、外来工小学 8 所），幼儿园 24 所（其中公办园 5 所、集体园 7 所、民办园 12 所）。区教育局直属机构有区电大、教师进修学校、少年宫、招考办。

区属学校中，有 1 所国家级职业中等专业学校、1 所省三星级普通高中；除几所待拆迁学校和新建学校外，全区公办义务教育学校已全面实现省级示范初中和市级实验小学 100% 的标准；幼儿园中有 6 所省级示范实验园，2 所市级示范性幼儿园，优质园和标准园达标率 100%。一批学校创建为省、市“绿色学校”、“优秀绿化景观学校”和“科技、体育、艺术特色学校”。2006 年，区属学校共有在校学生 37919 人，其中大学学生 2675 人、中学学生 13834 人、小学生 16766 人、幼儿园幼儿 4644 人。在职教职工 1916 人，其中江苏省特级教师 8 人，占全市在职特级教师的 1/10，名校长 2 人，市级学科带头人 17 人，市级优秀青年教师 53 人。2006 年 7 月，建邺区被国家教育部批准为全国第三批“国家级社区教育实验区”，并成立建邺区社区培训学院。

近几年来，建邺教育以新校建设为主线，以内涵发展为主题，有形与有神并重、基础与内涵并举、调整与提升并轨，扎实推进高质量的素质教育，超常规打造建邺教育新品牌，全区教育事业呈现出良好的发展态势。学前教育得到加强，3 ～ 6 周岁幼儿入园率达 100%；义务教育水平进一步提高，小学适龄儿童入学率和巩固率均达 100%，毕业率达 100%；初中入学率 100%、巩固率 100%，达到了“双高普九”的要求。同时，有效解决了残疾少年儿童、流动人口子女接受义务教育的问题。高中阶段教育发展迅速，初中毕业生升学率达 98% 以上。成人教育发展势头良好，全日制普专毕业生就业率达 85%，专转本达 15%。近年来，建邺区教育系统先后荣获省级以上荣誉称号数百项，区教育局先后被市委、市政府表彰为十五期间“南京市教育发展先进单位”和“建设平安南京创建最安全城市先进单位”，荣获“江苏省规范教育收费示范区”称号。

未来几年，建邺教育发展的目标是：按照办人民满意教育的要求，坚持“一着不让推进新校建设、集中力量打造品牌学校、扶弱济困促进高位均衡、百花齐放塑造特色名品、引培并举构筑人才高地、优化整合引领职教发展、规范管理提供有力保障”的工作思路和“示范幼教、特色小学、品牌初中、精品高中、终身职教”的办学目标，以高层次的规划、高水平的建设、高效能的管理和高标准的质量，推进建邺教育跨越式发展，率先实现基本现代化，将建邺教育建设成为高位均衡、形神兼备、内涵发展、整体一流，与现代化新南京标志区相适应的江苏省现代化教育示范区。

在不远的将来，河西新城的教育一定能呈现出名校云集、名师荟萃、硬件一流、内涵丰富的喜人前景，教育必将为建设繁荣和谐新建邺和南京市“教育名城”作出更大的贡献！

New Town Culture—A Brief Introduction to Jianye District Education

We have 69 schools of different kinds in our district, including 7 state-owned colleges, one TV university, 12 middle schools, of which there are 2 Civilian-run secondary school, 25 elementary schools, including one foreign language elementary school, 8 outside labor elementary schools, and 24 kindergartens(with 5 state-owned ones, 7 collective-owned ones and 12 private ones in them). There are several units subordinate to local bureau of education, such as Jianye TV University, Teachers' training school, Children's Palace and Admissions office as well.

Among the district-owned schools, we have one national occupation secondary specialized school, one average province three-star high school, all the state-run compulsory education schools have achieved national professional standards except several schools waiting for having their houses dismantled and move out and some new schools being built；Of all the kindergartens, we have 6 province demonstration ones and 2 city demonstration ones, all of which go fully in accord with national standards. Some schools have been awarded "Green School", "Landscape School"or"Characteristic School ". In 2006, we have 37,919 school students, of whom there are 2,675 college students, 13,834 middle school students, 16,766 pupils and 4,644 infants. There are 1,916 school employees, of whom we have 8 province superfine teachers, 10% of the total numbering our city, 2 top head teachers, 17 leaders in certain fields of learning and 53 excellent youth teachers.In July, 2006, our district was authorized as "The National Community Education Experiment Zone" by Ministry of Education and set up Jianye District Community Training Academy.

In recent years, we have focus our mind on building schools and developing connotation, stick to improving our teaching quality and scope, base and connotation as well as adjustment and upgrade, quality education has been realized effectively and efficiently to make our new education brand, our career has taken on a favorable situation, infant school education has been reinforced, kindergarten entrance rate of children from 3 to 6 reaches 100%, and the compulsory education level has been further developed. Entrance rate, consolidation rate as well as graduation rate of elementary school reach 100%, as goes in accord with state requirement, in the meanwhile, compulsory education problems with disabled children and floating children have been well worked out, senior middle school education as well as adult education develops quickly, and over 98% of junior high school students finish their school. Employment rate of students from full-time average professional training college reaches 85%, 15% of whom acquired university diploma. So far, we have gained hundreds of national honorary titles, our bureau of education has been commended by the city government as "Nanjing Advanced Education Unit","Advanced Unit in Building Nanjing into a Safest City"and"Demonstration Zone of Criterion Education Charge".

We have established our education aims for the late few years：in order to satisfy people's requirement, we are to try our best to construct new schools, cultivate some brand schools and many Characteristic Schools of art, sports and science and technology, help some poor schools develop fast, make it base for fine teachers by bringing in and training, optimize vocational education and provide criterion management, and what's more, the chief goals of school management have been worked out as demonstration preschool education, characteristic elementary school, brand junior middle school, competitive senior high school、and life long vocational education, for the purpose of pushing Jianye education to develop quickly. Basic education modernization will be realized in order to make our district into a province model education zone with first-class education level, which will act an important role in building new Nanjing.

It is believed that in the near future, a promising prospect is to appear in Hexi New Town District, which will contain many well-known brand schools, outstanding teachers, excellent students as well as first-class hardware, which will make greater contribution in constructing a harmonious and prosperous new district and famous education city.

100 Volumes Of
JIANYE URBAN SYMBOLS
NO.
062

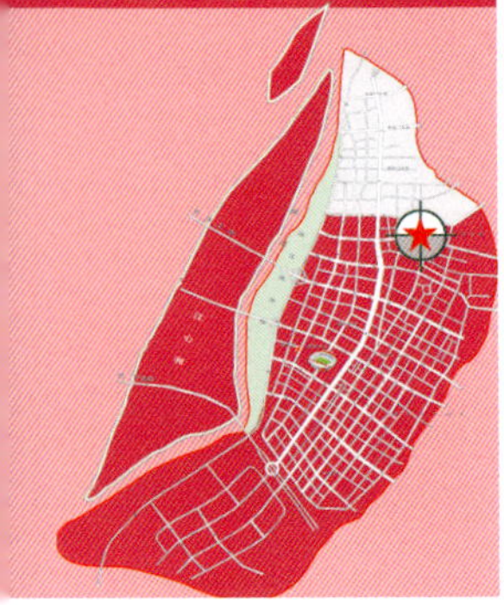

NANJING XIAOZHUANG UNIVERSITY

南京晓庄学院——英愁校区

南京晓庄学院坐落在风景秀丽、人文荟萃、素有“六朝古都”之誉的南京市。建校时间可以追溯到 1927 年 3 月，伟大的人民教育家陶行知先生创办的中国近代史上最早的试验乡村师范——晓庄师范。1951 年，经周恩来总理批准，南京晓庄师范学校复建。2000 年 3 月，经国家教育部批准，南京师范专科学校、南京教育学院和南京晓庄师范学校三校合并，组建本科层次的普通高等院校——南京晓庄学院。八十年的办学历史中，南京晓庄学院形成了深厚的人文底蕴，凝练了鲜明的办学特色。

1927 年起，陶行知、蔡元培、陈鹤琴等一批中国近代著名教育家曾在学校执教，原国务委员张劲夫等一大批知名人士曾是我校校友。晓庄师范是近代“生活教育”理论和乡村教育运动的最早试验场和发源地，在中国近代教育史上留下了深远的影响。

承载丰厚历史，谱写崭新乐章。今天的南京晓庄学院秉承陶行知先生“教学做合一”的传统，倡导“千教万教教人求真”、“千学万学学做真人”的优良校风，崇尚“知行合一、求真为道”的理念，大力推进素质教育，努力构建适应社会经济发展需要的人才培养模式，为国家培养输送了数以万计的中小学新师资和各类专门人才，为数万名在职中小学校长和教师提供了进修提高的机会，被社会誉为“中小学教师的摇篮”。晓庄的办学经验和优良传统，已成为我国师范教育的宝贵财富，在国内外有着十分广泛的影响。

南京晓庄学院目前拥有教职员工近千人，其中专任教师 543 名。专任教师队伍中，教授、副教授 200 多人，具有博士、硕士学位的 176 人，学院聘请有关高校、科研单位的中科院院士、博士生导师等著名专家学者 39 人担任学院的客座教授。学院目前共有本、专科在校生 10000 余人，各类进修培训生近 3000 人。

学院放眼世界，着眼未来。先后与美国、加拿大、英国、法国、俄罗斯、日本、韩国、马来西亚、菲律宾、中国台湾等 10 多个国家和地区的院校建立了友好合作关系。学院具有 A1 级聘专资格，聘有英国、美国、加拿大、澳大利亚、新加坡等外籍教师在校任教。学院具有外国留学生招生资格，年接受外国留学生 280 多人次。

江苏广播电视大学建邺分院

江苏广播电视大学建邺分院是一所集普通大专、开放大专、五年制高职、三年制中专为一体的全日制公办综合院校。地处南京城市中心，与朝天宫相毗邻。学校现具有一校四部的规模（含江东校区和莫愁校区），教学班 70 个、学生 2460 人，另有能容纳千余名学生住宿的宿舍，交通便捷，教学、生活设施齐全。创办 27 年来，多次荣获省市先进办学单位、区文明单位称号。

学校有一支爱岗敬业、治学严谨、善于管理的教师队伍。为加强管理，特配备了专职的班主任队伍，他们带着家长的信任与期盼，潜心研究转型期青少年的成长规律，针对中专、高职学生心理、生理、知识特点，从学习兴趣和良好行为习惯养成抓起，关注每一个学生的成长与变化，着力将学生培养成“内有素质，外有形象”、具备一定专业技能的应用型人才。学生除统考学科成绩合格率在省电大处于领先地位外，参加全国计算机、英语、导游、客房等对应的等级考试和技能考核，获证率也达 70% ～ 100%。

学校注重开发学生的潜能，全面提高学生的综合素质。成立了艺术团、篮球队、计算机兴趣小组、绘画小组等。每年“一二•九”都在大行宫会堂举行文艺汇演，体育竞赛；参加省市校系统比赛，多次获得团体总分一、二名。此外，还经常组织登山、球赛、画展、英语短剧表演、技能比赛等，校园生活丰富多彩。

学校根据市场需求，开设专业有：电脑美术设计、财务会计、计算机信息管理、旅游英语、商务英语、物流管理等。学生完成规定课程。经全面考核合格后，五年制高职颁发国家认可的高职毕业证书；三年制中专颁发“南京市中等专业学校（走读）毕业证书”。毕业生由学校负责推荐，录用率达 96%。近几年推荐单位有：中国银行江苏分行、南京建设银行、交通银行、江苏舜天集团、恒宝利服装进出口公司、网景网络公司、金陵饭店、玄武饭店、中国旅行社、江苏冶金进出口公司等。中专毕业生如想继续升学，可直接升入本校大专（省电大开放教育）学习或参加（3+2）对口单招。

100 Volumes Of
JIANYE URBAN SYMBOLS
NO.
063

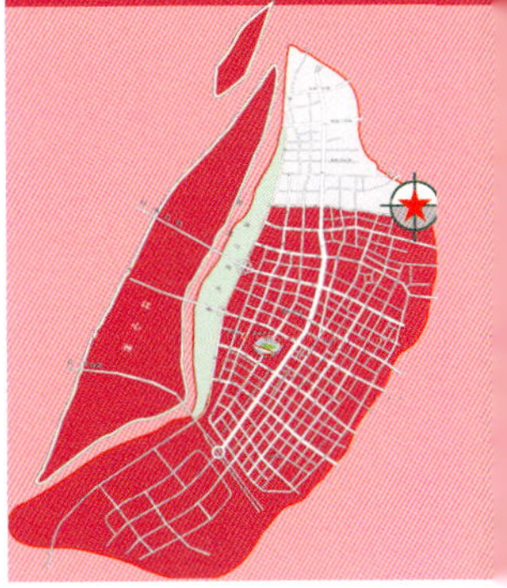

/JANGSU RADIO AND TV UNIVERSITY/

南京金陵中学河西分校

南京金陵中学河西分校是由百年老校——南京金陵中学和南京河西新城区建设指挥部合作创办的一所新型国有民办完全中学，该校借力河西新城蓬勃发展的优势，分享金陵中学百年教育的资源，是河西新城区教育最亮丽的风景之一。现有在校学生 3200 余人，教职工 310 名。

该校于 2002 年 11 月正式动工，2003 年 9 月竣工开学。校园占地 16 万平方米，建筑面积 11 万平方米，总投资 2.5 亿人民币。校内建筑主要包括 4 幢教学楼 80 多个教室、52 个各种门类的实验室、9 个报告厅和阶梯教室、14 个计算机室、3400 平方米的艺术专用教室、400 米塑胶跑道的标准运动场、6800 平方米体育馆、8 片标准室外篮球场，学校信息电教中心设有电视控制中心、网络中心和演播中心。

该校拥有一支师德高尚、经验丰富、业务精通的教师队伍，其中特级教师占 2%，高级教师和学科带头人占 33%，受地市级以上表彰的教师占 63%，35 ～ 45 岁的中青年教师占 57%，常年聘请外籍教师担任英语口语教学。

百年的文化积淀、浓郁的人文环境、优秀的教师群体、科学的管理模式、先进的教育理念、现代化的办学设施，使学校在办学仅两年的时间内便赢得长足的进步和良好的声誉。在南京市历次统一质量调研测验中学生的成绩均名列前茅，曾先后接待了 100 多人次的国家和省市领导，国内 200 多个教育机构和学校曾慕名来校参观访问，中国科学院院士报告团来校做科普报告。江苏省委书记李源潮在河西分校的调研座谈会上，称金陵中学的“河西模式”是

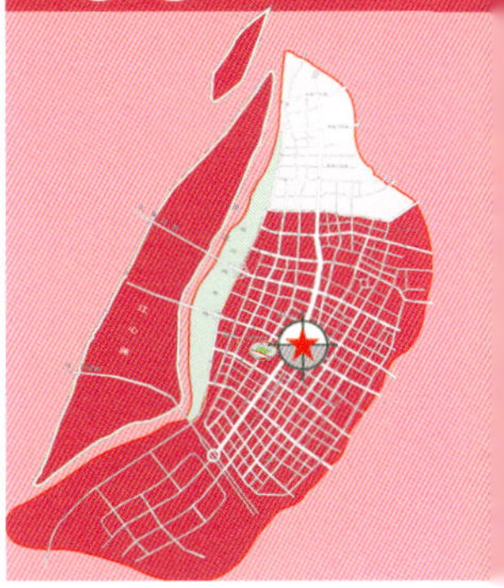

对社会发展的一大贡献，是一个很好的范例。新加坡教育部长参观河西分校后称赞：“这所学校在办学条件和办学水平上，与新加坡最好的中学处在同一个层次上。”教育部部长陈小娅曾深入学校调研工作，全国校长江浙名校考察团、全国中小学安全管理培训班曾来校考察学习。该校还与英国、美国、法国、韩国等国家和中国香港等学校建立了良好的校际交流和合作关系。

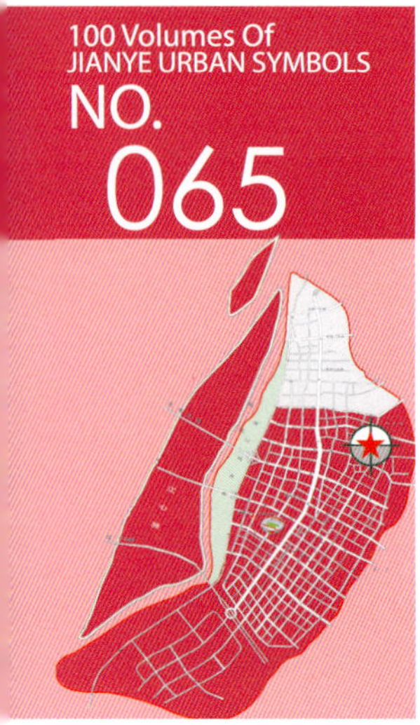

南湖高级中学

南湖高级中学位于交通便捷的集庆门大街，毗邻蜿蜒秀丽的秦淮河风光带，是一所公办全日制独立高中。2000年通过市级重点中学验收，2003年与南湖一中初中分设办学，2004年4月通过江苏省三星级高中评估，同年8月，被省教育厅正式命名为三星级高中，成为南京市第一批晋升三星级的学校。

南湖高中树木葱郁， 花草繁盛，环境幽雅，设施齐全，师生关系和谐，文化气息浓郁。学校拥有一支由市、区学科带头人、优秀青年教师为骨干的教师队伍。 具有研究生学历的教师12位，占全校教师总数的12.8%。 教育思想先进，方法新颖，教学经验丰富，成果显著。2005年，因在高中教学绩效评估中进步显著，位居同类校前列，受到市教育局的通报嘉奖。 2004、2005、2006年连续三年按照三星级批次招收的学生，学风纯正，习惯良好，显现出强劲的发展势头。 学校先后被命名为中央教科所教科研实验基地 、江苏省现代教育技术实验学校、南京市文明单位和市科技特色学校。学校“心语”文学社还多次被评为南京市优秀中学生社团。 2000年以来，高考录取率稳定在80%以上，保证了绝大多数毕业生进入高校学习。目前，在建邺区委区政府的大力支持下，南湖高中正在积极创造条件，向江苏省四星级高中迈进。

南京市南湖高级中学

侵华日军南京大屠杀遇难同胞纪念馆

南京高等职业技术学校
Nanjing Technical Vocational College

南京高等职业技术学校是一所高起点、高标准、高质量的现代化、综合性重点职业院校，是国家教育部在职教领域和德国最早合作的第一所项目学校，江苏省首批国家级技能型紧缺人才培养培训基地，又是全国首批教育部、财政部认定的国家级实训基地项目学校。

学校位于南京河西新城，毗邻奥体中心，占地 12.5 万平方米，在校学生 4500 人。拥有 50 个设备先进的现代化实验室和 28 个配套齐全的校内技能实训车间，建有宽带接入千兆校网，近千台计算机和 50 多个多媒体教室；有国际标准化 400 米塑胶跑道的田径运动场、灯光草坪足球场、公寓式学生宿舍、宽敞明亮的学生食堂，校园建筑欧陆风格，环境优美、典雅，被誉为河西新城一道亮丽的风景线。

学校以五年制高职和三年制中职全日制学历教育为主，设有土木工程、环境工程、建筑装饰、电子信息工程、计算机科学、经济管理、数控与汽修七大类二十多专业。国家级、省级示范专业四个，其中工业与民用建筑专业、设备安装、电子技术应用专业在省内外有较高知名度。学校拥有一支结构合理、力量雄厚、高素质的教师队伍。副教授、高级讲师 70 人，其中硕士研究生近 50 人，占专任教师的 28% ，在全省高职校中名列前茅；有近百人次曾赴德国培训，接受过德国职业教育的“真传”。教师队伍中，既有获得德国师傅证书的老教师，也有一大批拥有高级工程师、高级技师、国家注册造价师、结构师、监理师、电子商务师等职业资格证书的中青年骨干教师，“双师型”教师占 80% 。

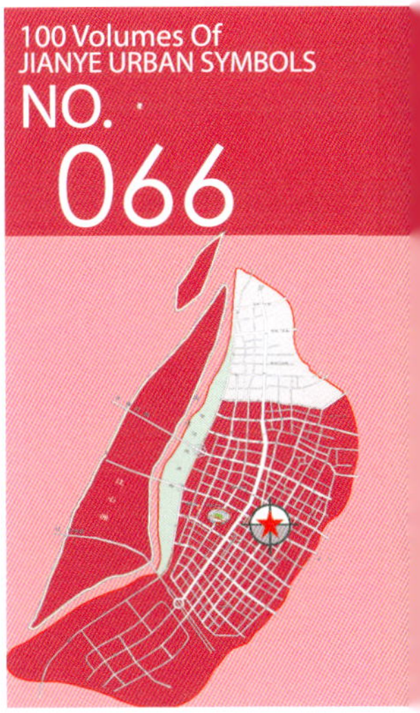

2002 年起，学校举办中德合作“实验班”，在江苏率先引进欧盟承认的德国手工业行会技能证书（HWK）考核，受到社会和企业的欢迎，使毕业生成为有竞争实力的高技能型人才。毕业生推荐就业率 100%，对口就业率 95% 以上。有多批学生派往德资企业、中外合资企业、新加坡等地工作，学校还在澳大利亚总工会完成“赴澳技术移民”建档注册工作，启动了赴澳技术移民工作。此外，还与东南大学、南京工业大学等高校联合办学，为中职毕业生升入专科段，五年制毕业生升入本科段学习创造条件。

学校在办好学历教育的同时，还利用设备资源和师资力量，服务企业、服务社会。通过与企业共建实训、培训基地等形式，对社会进行外派劳务人员培训，下岗职工再就业和农村劳动力转移培训、企业员工培训、职教师资培训，以及新产品、新技术推广咨询与服务工作。1995 年以来，学校为社会培训各类人员 10 万人次，实现了“合作、服务、双赢”的效益。2006 年 9 月上旬，在首届“全国建筑业职业技能大赛”中，在我校参加培训的砌筑工和钢筋工两个工种的江苏选手一举荣获 2 个一等奖、1 个二等奖、3 个三等奖，特别是“砌筑工”专业，勇夺专业组第一名。

学校多次被评为江苏省职业教育先进集体、教学管理先进单位，2005 年 11 月，在国务院召开的全国职业教育工作会议上被授予“全国职业教育先进单位”荣誉称号。近几年，国务院总理温家宝，国务委员、国务院秘书长华建敏，国务委员陈至立，国家教育部部长周济，省委书记李源潮，省长梁保华，市委书记罗志军等领导多次来校视察，对学校的办学成绩予以充分肯定。

“一万年太久，只争朝夕。”作为南京市教育局直属的综合性院校，南京高职校人正站在新的起点上，落实科学发展观，不断提高办学质量，努力培养具有“三创”精神的高技能人才，把学校建设为“现代化、高职化、有特色、第一流”的职教名校，谱写新的篇章！

南京市莫愁中等专业学校

Mochou Vocatlonal School

南京市莫愁中等专业学校是经国家教育部考核评估认定的全日制国家级重点职业学校，拥有三年制中专和五年制高职两个层次的办学资格。学校已有40多年办学历史，现有在校生3000余人，是江苏省和南京市中等职业教育的示范性窗口学校，也是广大应届初中毕业生报考职业类学校的首选学校。

响亮的办学品牌——该校长期坚持“面向市场、提升素质、强化能力、严格管理”的办学理念，2000年被评为“国家级重点职业学校”；2001年被评为“江苏省德育先进学校”和“江苏省现代教育技术实验学校”；2002年被评为“江苏省教育科研先进集体”；2003年被评为“南京市职业教育先进单位”；2004年被评为“江苏省绿色学校”；2005年被评为南京市第四届“师德先进群体”，荣获南京市“十五”素质教育创新奖、南京市职业学校实习管理和就业指导考核一等奖；2006年被评为“江苏省职业教育先进单位”、南京市职业学校质量管理考核第一名。学校被确定为全市首批“学分制管理”试点学校。

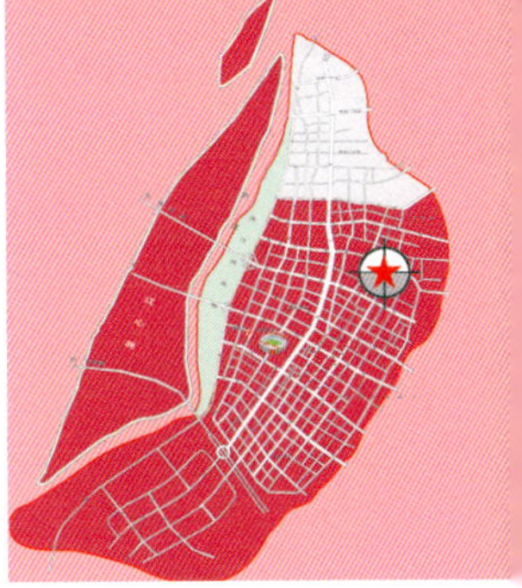

先进的教学条件，雄厚的师资队伍——学校有标准教室 60 个，专用实验室 18 个，实习操作室 20 个，电化教室、微机房、多媒体教室 8 个，标本教具陈列室 6 个，图书阅览室 4 个；拥有浙大网络“校校通”管理平台、校园闭路电视网络系统、千兆以太校园网络系统，现有计算机 620 台。学校现有覆盖全省的各类实训基地 12 个，宿舍、餐厅等生活设施完备，条件一流，能为学生提供良好的实习和生活条件。

学校现有教职员工近 200 人。其中 80%的教师拥有本科学历，具有研究生学历的占 14% ，中级以上职称教师达 80%以上。有名校长 1 名，南京市学科带头人 8 名，优秀青年教师 10 名，区级以上优秀教师数十名。教师中 90%拥有各类职业证书，其中经认定的双师型教师占 60%以上。

一流的专业设置，突出的办学成效——现开设五年制高职药物制剂技术、药品质量检测技术、医用电子仪器与维护、计算机应用、文物古籍修复等 5 个专业和三年制中专药剂、食品与药品检验、医用电子仪器与维护、机电技术应用、汽车电子电路维修、电子信息技术、电脑美术设计、电子商务、酒店服务与管理等 9 个专业。其中“药剂”、“医用电子仪器与维护”、“电脑美术设计”专业是江苏省示范专业，“电子商务”专业是南京市示范专业。

该校是南京市教育收费规范学校，所有收费均严格按国家规定标准执行。学生在取得毕业证书的同时，还能获取多种技能证书，真正做到了一专多能，受到用人单位的普遍欢迎。2000 年至 2005 年毕业生推荐就业率均达 97%以上。

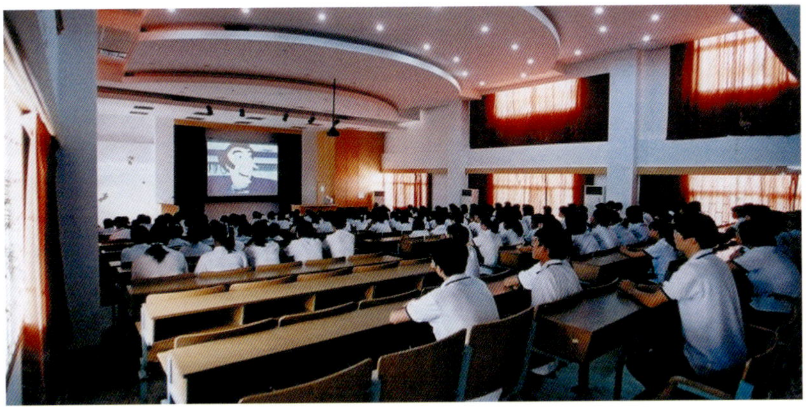

南湖一中

南湖一中紧邻开放式生态活水公园——南湖公园，是南京市教育局批准的首批启动初中“小班化”教育试点学校。学校坚持“以人为本，和谐发展”的办学宗旨，实行“小班化”教育模式，充分发挥自身的区位优势，打造新的办学特色：

（一）依托南京高校专业实力，创办了江苏教育学院美术实验学校，培养美术特长生，为高一级学校输送艺术人才；

（二）强化中小学数学衔接特色研究，发展学生数学兴趣，增强核心竞争能力，为高一层次学习奠定基础；

（三）扩大“爱心班”模式的影响力，为贫困家庭、品学兼优的学生撑起一片爱的天空，为宏志生放飞理想构筑平台；

（四）深化少年女子足球教育研究，多次荣获江苏省少年女子足球冠军，为南京体育事业争光。

南湖一中在建设和谐校园的奋进中，坚持科学的发展观，以人为本，守定推进教育质量的信念不动摇，努力推动学校整体工作实现良性循环；着力打造一支优秀的教师队伍，不断优化现代化教育技术装备，不断美化校园环境，不断提升整体的办学效益，全面实施素质教育，努力成为建邺新区一所特色鲜明、质量一流、政府满意、人民赞誉的品牌学校。

学校荣誉：

江苏省教育现代师范初中
江苏省体育传统项目学校
江苏省现代教育实验技术学校
南京市基础教育课程改革实验研究基地
南京市中学生美术、书法活动基地
南京市科技特色学校
中华传统教育实践和研究先进实验学校
南京市德育先进学校
南京市红旗团委
南京市优秀学生会
南京市先进学生社团
南京市优美校园
南京市电教先进集体
南京市 A 级示范图书馆
江苏省中小学标准化实验室

南京市首批初中小班化教育试点学校

江苏省现代化素质教育示范初中

南京市南湖第一中学

张扬个性的舞台　　放飞理想的摇篮

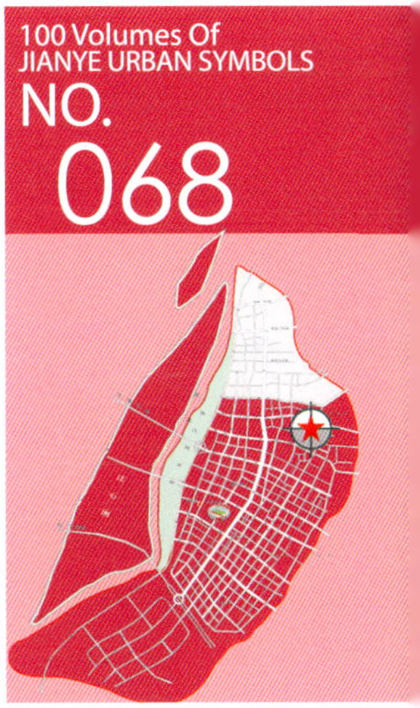

办学理念：

以科学的制度规范人，

以情感的投入凝聚人，

以团队的精神培养人，

以质量的推进鼓舞人。

南京致远外国语小学

南京致远外国语小学始建于2001年，是一所实行董事会领导下的校长负责制的民办公助性质的学校。学校占地面积10500平方米、建筑面积为9500平方米。现有18个班、560名学生。校长马揆华系江苏省特级教师。

学校现有58名教师，其中江苏省特级教师2名，省优秀班主任2名，中学高级教师职称的教师4名，市或区优秀青年教师12名，区学科带头人4名，教师队伍既年轻又稳重，既具经验又富涵文化底蕴。2006年建邺区“创新杯”赛课活动中，学校有5位青年教师获得了一等奖。

学校执行全日制小学课程（教学）计划，实行小班化教学。在按国家规定开齐、开好各门课程的基础上，以英语学科教学为龙头，以信息技术和科技创新教学为特色。学校自一年级就开设信息技术课，着力培养学生的兴趣，锻炼学生的电脑操作能力。

学校特组建了由南京师范大学，解放军国际关系学院，晓庄学院等高校著名英语、计算机教授，归国留学生及省市教育部门长期指导教育教学的专家、学者组成教育教学专家指导委员会，专家们定期来校作讲座、听课，研究学校的发展大计。

学校确定了“笃学善创、宁静致远”为校训，经5年的实践，逐渐培育成了“诚信、主动、合作、创新”的校风；“忠诚、严谨、善导、开拓”的教风；“好学、勤问、慎思、明辩”的学风，并在教育教学质量的提高和彰显学校特色上取得了喜人的成果。

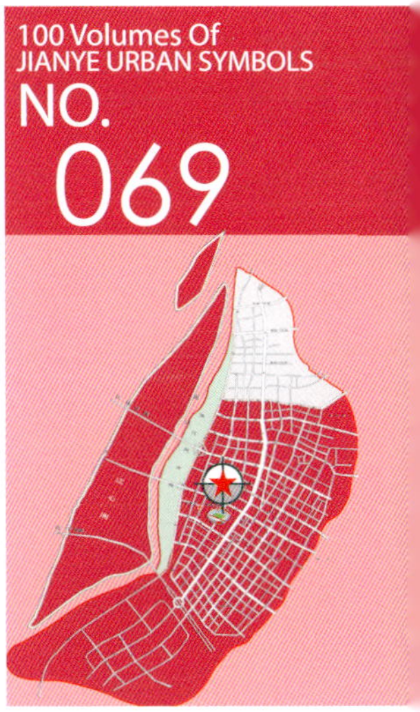

5 年来，学校在英语龙头学科方面获国家级奖项的有 3 人次，获省、市、区级奖的有 134 项；信息技术方面共有 6 项国家级奖，省、市、区级奖计有 137 项；科技发明创造方面，共有 103 名学生的小发明作品荣获国家级奖，荣获省、市、区级奖的作品共 168 件。其中 1 项全国之最；12 项江苏省之最；2 项南京市之最。2004 年周醒驭同学荣获了“邓小平基金奖”（目前是江苏省唯一获此殊荣的小学生），并被评为南京市科学小博士形象大使，他的发明创造中有 4 项先后获得了国家专利。现五年级学生陆璇在南京市市民论坛上介绍了她所发明的“错位楼梯”。他们两人先后获得国家少年科学院小院士的荣誉称号。学校被中国少年科学院确定为科普基地，被南京市少年科学院授予“南京致远外国语小学少年创造科学院”等光荣称号。

南京致远外国语小学的教师们正继续以热情献身教育、以心灵拥抱事业、以全力打造品牌，建设富有特色的、高素质的现代化品牌学校。

100 Volumes Of
JIANYE URBAN SYMBOLS
NO.
070

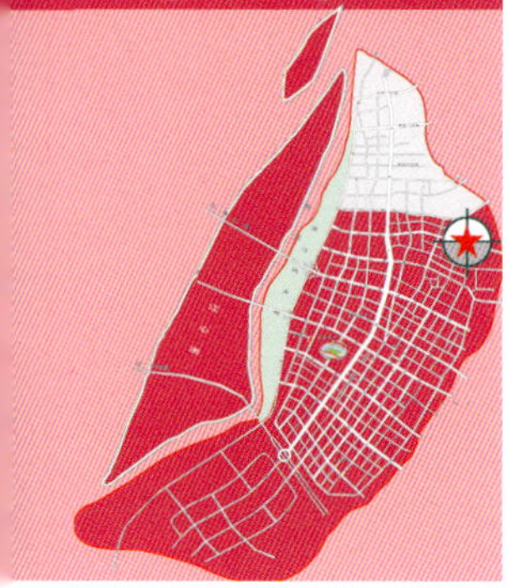

南京市莫愁湖小学

----河西教育的明珠，孩子成长的乐园

区位优势——莫愁湖小学地处莫愁湖南畔，与美丽的莫愁湖公园仅一墙之隔。这里风景如画，文化底蕴浓郁，是学生学习生活的最佳场所。独特的地理位置和区域优势，为学校带来了巨大的发展契机。2005 年，建邺区政府投资 8000 多万元兴建了全新的校园，力争打造成建邺新区一所环境优美、设施一流、特色鲜明、内涵丰富的现代化品牌学校。现在新学校已正式交付使用，建筑面积 11000 平方米，实行 4 轨制 24 个班级。

办学目标——学校以“健康向上、快乐成长”为办学理念，确立了“科学育人、内涵发展、特色鲜明、创树品牌”的办学思路，争创“六园式学校”即文明校园、绿色校园、数字校园、书香校园、快乐校园、活力校园。培养“健康、快乐、自主、和谐”的人才为目标，“让学生充分体验学习乐趣，享受成长快乐”、“让教师充分发挥潜能，实现生命价值”，形成了教师乐教，学生乐学的良好氛围。

办学特色——莫愁湖小学是南京市示范学校、南京市实验学校。自 2002 年开始实行小班化教学研究，是南京市第二批小班化试验学校。

一流的设施、高素质的教师队伍、全面现代化的学校。学校按照省级实验小学标准优先配备了各种专用教室，每间教室都配备了多媒体设备，每位教师都配备专用电脑，建立了校园网络系统，全面施行网络化管理。高标准配备了报告厅、电视演播室、多功能教室、计算机教室、课件制作室、科学实验室等，布置了精美的生态长廊，图书馆设计古朴和现代融为一体，文本和电子图书阅读随心所欲。学校配备了大量的高素质教师，各科教学都由专任教师任教，现代化的专业理论，精湛的教育教学艺术，使学生享受到最优质的教育。

Nanjing Mochouhu Primary School

彰显特色，全面发展，构建馥郁书香的校园文化。学校于1995年就开始“大语文教学”研究，引起了许多教育专家和教研部门的关注。学校每周开设一节阅读课，阅览室充分向学生开放，每年都要举办“莫愁杯”读书节活动。“大语文教学”思想已经在全区推广，并列为省级教科研课题。学校重视学生综合素质的培养，开设了京剧兴趣班、舞蹈班、美术兴趣班、信息技术班、手工制作班等各类兴趣班。学校京剧班多次参加市区的文艺表演，2006年被评为南京市艺术中心，舞蹈队多次在区获得一、二等奖。积极开展科技宣传活动，学生作品多次在市区获奖，2006年被南京市教育局命名为“中法合作中学”科学项目实验学校。学生广播操和女子足球是学校特色办学的品牌和窗口，是南京市体育重点学校。学校广播操历年来都是全区第一名，获得了“建邺第一操”、“南京第一操”的美誉，学生体质得到明显提高。多年被评为“南京市体育传统学校”（足球），2004年被命名为“三菱女子足球训练基地”，校足球队多次代表市、区市获得省、市足球比赛的冠、亚军。

注重加强学生的思想品德和行为习惯养成教育。学校充分发挥党支部、团支部和少先队组织的阵地作用，利用红领巾广播站、集体晨会、班队会等形式对学生进行革命传统教育和文明习惯的教育。2005年学校和南京市交警四大队联合成立“少年交通警校”，在社会上引起了较大的反响；2006年又成立了南京市首家学校交通安全站。对学生坚持正面教育，关注每一个学生的身心健康，学校成立了心理咨询室——心空驿站，是南京市的合格心理咨询室。学校每学期都要进行健康少年的评选，使学生能够在一种比较宽松的氛围中学习生活，健康成长。

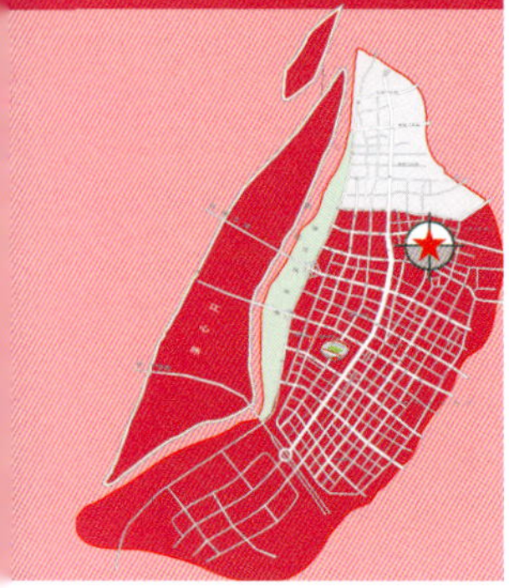

南京晓庄学院第一实验小学

南京市晓庄第一实验小学创建于1994年，原名“南京教育学院附属小学”。现有学生768名，18个教学班，48名教师。现任校长杨新富。

学校始终坚持“为孩子们打好人生的底色”的办学理念，以“实”为校训，致力于“素质教育艺术化”的办学特色，追求教育、教学科学、理智训练与感情舒发的和谐平衡境界，激发了学生自主地参与学习、实践、探究、创造的情趣，办学效益显著。1999年被市教育局批准为市实验小学，2002年被省教育厅确定为江苏省实验小学。近两年，学校还相继获得南京市“优美校园”、“科技教育特色学校”、“优美景观校园”、南京市“示范图书馆”、“示范实验室”、南京市“规范化收费学校”、“2001～2002年区文明单位”等称号。学校还获得全国少年书信大赛和省“争当小小科学家”活动“优秀组织奖”、江苏省“金钥匙”大赛优秀组织奖等。

晓庄一实小的信息技术教育——汉语编程在省、市均有一定影响。学校坚持以教科研促教学质量的提高，省级“九五”规划课题《小学生主体性教育的实验与研究》，被评为南京市教科研成果三等奖；市“十五”规划课题《新课程标准下的小学课堂教学实施策略研究》成果丰硕，市级立项课题《小学教育教学案例开发研究》、中央电教馆《信息技术环境下艺术教学模式的创新研究》正在展开。2002年学校被命名为“苏教版小学语文教材实验基地”和2002～2004年全国重点科研课题《21世纪中国学校体育发展研究》实验学校。学校多次接待外省市教育行政部门领导和学校的来访，在省内外具有一定影响。

认真贯彻《义务教育法》积极开展政风行
走进书香月 一路品书
好读书 读好书 读得进 用得
奋
从这里放飞
向
诵长征诗篇 讲长征故事 唱长征歌谣 悟长征精
我读书 我快乐 我发
让读书

与环境友好型社会
区人民政府
世界 境日
绿色学校
绿色学校
Green School

建邺区廉洁文化进校园交流推进会
建邺区纪委
建邺区教育局

书香伴我行
—"振兴阅读"汇报交流活动

进 取
民 主
明

100 Volumes Of JIANYE URBAN SYMBOLS
NO. 072

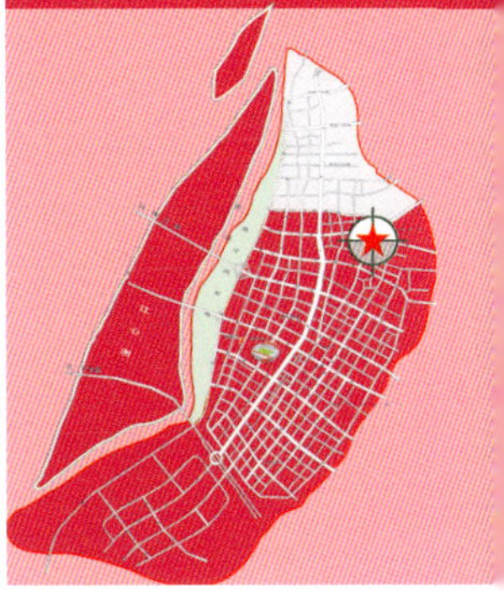

Nanhu Second Primary School

南湖第二小学

南京市南湖第二小学位于南湖街道南湖广场附近，创建于1986年，现有18个教学班，近700名学生，教职工48名，是一所小班化教育实验学校。

学校创建以来，在“全面实施素质教育，培养合格人才”的办学思想指导下，从强化学校管理，改进课堂教学着手，整体办学水平不断提高。充分利用社区资源，培养学生实践能力，“新世纪，我能行”体验教育得到上级教育部门的充分肯定。

开展丰富多彩的课外活动是学校教育的一大特色，学生在活动中激兴趣，发挥特长，陶冶情操。学校在韵智课堂的打造，小班化教育实验、小学生音乐素质培养等方面也取得了一定的成绩。先后被评为江苏省实验小学、南京市德育先进学校、南京市绿色学校等荣誉称号。

Nanjing Jiangdongmen Primary School

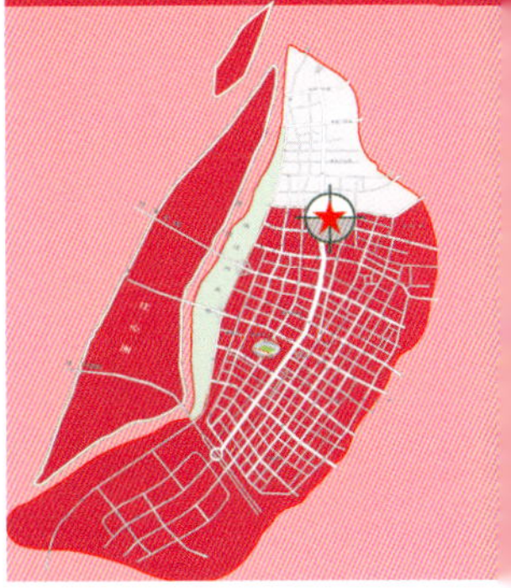

南京市江东门小学

南京市江东门小学始建于1946年8月，前身为国民小学，后定名为江东门小学，原址在现茶亭东街。1952年9月，学校搬迁入现址，1965年划归雨花台区管辖。1990年由雨花台区、原江东乡两级政府投资新建1137平方米的教学楼；1994年增建530平方米的三层附楼，并修建400米跑道及运动场。1995年5月，学校划入鼓楼区管辖2002年10月区划调整，学校划入建邺区管辖。

2003年，江东门小学被评为南京市示范学校；2004年被评为南京市德育先进学校。学校体育、文艺、美术参加各级各类比赛多次获奖。

现在的江东门小学占地11529平方米，建筑面积近4000平方米。至2006年9月，有24个教学班，在校学生1000余人，教职工65人，大专以上学历教师占70%以上。

在建邺区区委、区政府和教育局的关心支持下，学校规模在不断扩大，办学水平不断提升。2006年10月，学校顺利通过南京市实验小学验收评估。

创学习型组织 树行业新形象

全面发展
健康向上
以德立校 依法治校 科研兴校 特色强校

双闸中心小学

双闸中心小学坐落在河西双闸街道，是一所具有60多年历史的纯农村小学，学校占地面积2多公顷，现有28个教学班，1258名学生，74名教职工，校长刘海莉系全国优秀教师、南京市“十佳青年教师”。

多年来，在上级领导的关心支持下，学校管理思路目标明确，始终坚持科研兴校，着力农村科技教育特色的构建。领导班子团结务实，勇于创新；教师群体甘于奉献、治学严谨。他们与事业发展同心，与学校工作同步，与学校荣辱同存，铸就了“闸小”教育的辉煌篇章。学校1992年通过九年义务教育达标验收，先后被评为首批“南京市示范学校”、“南京市模范学校”、“南京市课堂教学年先进集体”；省、市“绿色学校”；市“优秀少年农科院”，市、区“优美校园”、“教科研先进集体”；市“标兵红旗大队”、“师德先进群体”；2000年被命名为“南京市实验小学”，通过江苏省教育现代化先进乡镇验收，连续多年获区义务教育成果奖、区文明单位……

年年收获，岁岁向荣，面对教育新形势，“闸小”人又以积内功，上质量，扬校名，实现双闸教育跨越式发展为目标，与时俱进，手相牵，心相连，拥抱更加辉煌灿烂的明天。

办学理念

创设宽广的空间，让每一位学生的个性得到自由张扬；

创造更多的机会，让每一位学生的潜能得到充分发挥；

创设丰富的情境，让每一位学生经历丰富的人生体验。

100 Volumes Of
JIANYE URBAN SYMBOLS
NO.
076

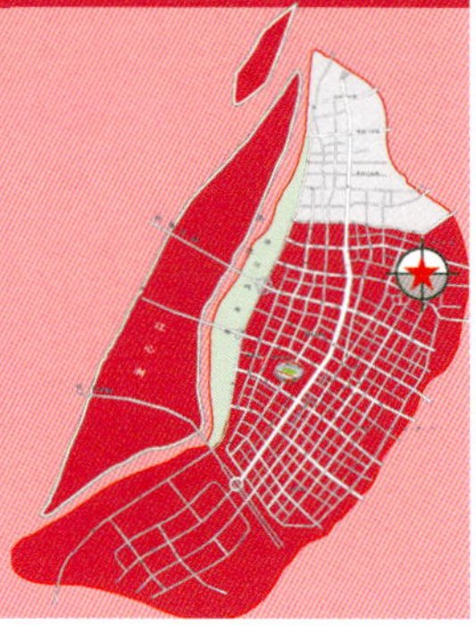

南京市第五幼儿园

南京市第五幼儿园始建于1986年，位于南湖利民村42号，隶属于建邺区教育局，是一所全民性质的教办园。现占地面积约3875平方米，生均15.5平方米；建筑面积约2500平方米，生均10平方米；绿化面积500平方米，生均2平方米。园藏书3794册，生均15册，现有大中小托9个班，共有幼儿272人。该园有专职教师16人，幼师学历以上的达100%，其中小学高级教师11人；市级骨干教师1人，区级骨干教师8人。

1998年，该园被评定为南京市市级示范性幼儿园，1999年被评为南京市科技特色学校；2001年被评定为江苏省现代教育技术实验学校；2005年被评定为江苏省示范性实验幼儿园。多年来，该园先后荣获"南京市卫生保健合格单位"、"南京市卫生保健先进集体"、"南京市绿色学校"、"南京市合格家长学校"、"江苏省示范家长学校"、"南京市现代教育技术先进集体" 、"南京市科技教育先进集体"、"江苏省巾帼示范岗"、"南京市文明单位" 等光荣称号。

以课题研究带动整体，共筑发展平台，是该园教育管理的一个重要指导思想。从"九五"课题开始，该园围绕信息技术教育开展了《幼儿参与电教操作活动可行性的实验研究》多项课题，其间多次接待了省、市、国家级各个层面的领导及教育界同行，组织公开教学观摩及讲座，让教师们有更多锻炼与展示的机会。2003年底，该园成功地接待了全国省会城市及单列市电教协会第八次会议幼教分会活动，率先在幼儿园开展了校园局域网"教"与"学"的探索和实践。2005年4月，幼儿园又承接了全国尝试教育年会活动，展示了师生在网络环境下的教学活动，来宾对该园利用局域网进行游戏教学，对孩子们所表现出来的学习兴趣、学习热情和娴熟的操作技能赞赏不已。

Nanjing
NO.5 Rinderarten

世纪星幼儿园 Century Star Kindergarten

南京市世纪星幼儿园是一所全日制公办幼儿园。位于南湖安如村 88 号，全园占地面积 2658 平方米，设有托、小、中、大共 8 个年龄班 235 名幼儿。全园教工 35 人，教师学历合格率为 100% 。具有本科学历 3 人，大专学历 17 人。其中小学高级教师 11 人、市“教坛新秀”1 人、区级骨干教师 9 人；区“青优”2 人；区学科带头人 1 人。

多年来，该园始终坚持“一切为了孩子，为了一切孩子”的办园宗旨；在《规程》及《纲要》的指导下，以“环境育人，提升品位，整体推进，和谐发展”为办园目标；本着“团结、进取、开拓、创新”的园风，独立承担了市教科所“十五”课题《主题性区域活动的实践与研究》和国家级课题《预成和生成技术在幼儿园课程设计中的运用》的子课题研究。经过 4 年多的辛勤付出和努力探讨，于 2005 年 6 月分别以现场结题和书面结题的两种方式顺利结题。并得到专家组的一致好评。同时在进行“区域活动实践和研究”的基础上，该园又逐步形成了环境育人的美育特色，并被顺利批准为“美术课改实验基地”，2005 年被评为市级示范性实验幼儿园。曾先后荣获南京市共青团、妇联授予的“优秀组织奖”；建邺区委区政府授予的“合格家长学校”及“文明单位”；区妇联授予的“巾帼示范岗”；区教育局、区档案局授予的“先进集体”；区教育局工会授予的“先进职工之家”等各种荣誉称号、证书及奖杯。

如今，在加强科学管理，完善园本课程，构建世幼文化，提高保教水平的基础上，世纪星幼儿园还不断提出创建目标，在开拓中树品位，在发展中求完善，让一个具有崭新面貌的幼儿教育闪耀在新世纪。

100 Volumes Of
JIANYE URBAN SYMBOLS
NO. 077

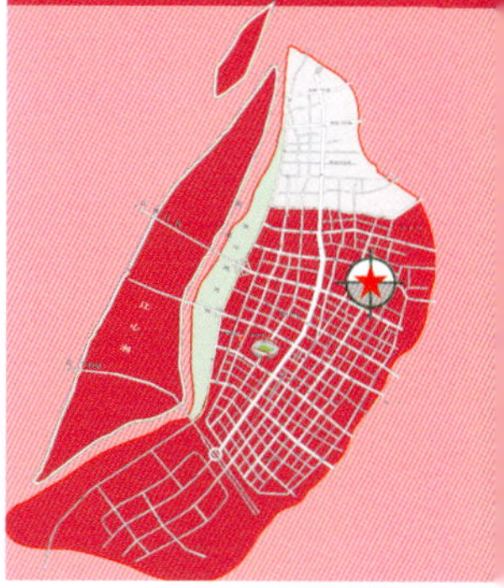

南京市建邺区实验幼儿园
幼儿园
加强师德建设落实、三要八不
办人民满意的

纪念毛泽东同志"发展体育运动 增强人民体质"

建邺区实验幼儿园

南京市幼儿高等师范学校附属幼儿园

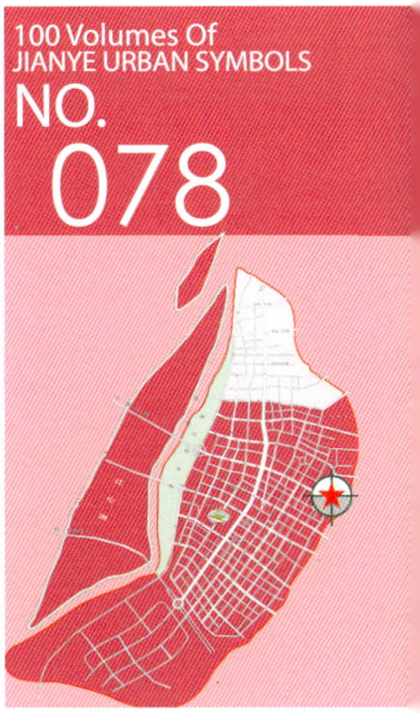

建邺区实验幼儿园暨南京市幼儿师范附属幼儿园，创办于1954年，是一所具有深厚底蕴的教育系统全日制幼儿园，江苏省名幼儿园，建邺区第一所江苏省示范性实验幼儿园。

目前，幼儿园现有班级12个，幼儿300多名。教工48名，均有合格学历，其中大专以上学历达89%，本科学历达11%，市区级幼教骨干达48%。幼儿园有三处办园场所，总园坐落在南苑街道的爱达花园内，占地面积2024平方米，绿化面积1059平方米；分园地处高档住宅小区万科金色家园内；分部开办于南京幼儿高等师范学校内。班班均有独立的活动室、游戏室、午睡室、盥洗室，钢琴、彩电、空调、消毒柜、电脑、复印机、打印机、数码相机、扫描仪等现代化设施一应俱全，有多功能室、智能室、美工室、多媒体室、感统活动室等各种活动配套用房，户外戏水池、小山坡、沙池、攀岩墙为幼儿健身学习提供了有利的条件，校园网站、局域网提供了家园互动的平台，提高了教师的工作效率，让幼儿获得更多的教育资源，更有效地提升了幼儿园的管理水平。

幼儿园遵循“健康生活每一天”的办园理念，以培养“健康、活泼、好学、自信”的幼儿为己任，培养出的幼儿性格活泼，主动交往，敢于尝试，在市、区组织的各项活动中，均获得好评和奖牌。体操、武术教学成为幼儿园的新亮点。

幼儿园还积极发挥省级示范幼儿园的示范带头作用。与本市姐妹区进行“手拉手”活动，送教到区；与西部幼儿园“结对帮扶”进行交流，赠送我园课程的光碟和有关资料；建立江心洲社会实践园；代培幼儿园的教师；帮助姐妹园创建达标，开展培训讲座；对全国同行开放观摩，向外输送教研员、园长等人才，在帮扶中彰显幼儿园的品牌，在交流中谋求共同发展，为成为城区标志性的幼儿园而努力奋斗！

100 Volumes Of JIANYE URBAN SYMBOLS
NO.
079-089

新城风情
——建邺区餐住娱乐服务业概况

金陵江滨国际会议中心酒店 / NO.079

金梦都宾馆 / NO.080

南京星湖饭店 / NO. 081

南方酒店 / NO. 082

珍宝阁大酒楼 / NO. 083

富贵俏江南大酒店 /NO.084

南京公馆菜食府 / NO.085

怡雅饭店 NO. 086

金狮楼酒店 /NO.087

蓝湾咖啡店 /NO.088

江岛会所 / NO.089

随着建邺区各项社会事业的发展，区内的餐住娱乐等行业服务配套设施也在逐渐完善，各种档次的宾馆饭店和休闲娱乐设施一应俱全。

据初步统计，至2006年底，区内现有五星级（标准）宾馆1个（金陵江滨国际会议中心），四星级宾馆1个（金梦都宾馆），三星级宾馆2个（星湖饭店、南方酒店），二星级宾馆1个（鑫都饭店）；经济型酒店（金色时光酒店、锦江之星、斯玛特酒店等）及各种社会旅馆（含向社会开放的单位招待所）40余个；各种档次和规模的专门餐饮店，以及可提供中西式便餐的茶社和咖啡店数百个（其中社会餐馆376个），可满足不同层次顾客的需求。此外，区内还有以江岛会所（江心酒店）、美高美国际俱乐部、云霄宫桑拿会所和皇子温泉为代表的综合及专项娱乐服务设施十余处。

区划调整后，在政府及有关部门的关心和推动下，区内餐住娱乐服务业态正在进行较大规模的重新布局和调整，目前比较集中的地域在水西门大街与莫愁湖周边，与当前的旅游事业发展形势相匹配。为尽快适应旅游业的快速发展，区旅游局正在加紧创建水西门旅游休闲特色街区，对街区进行提档升级和功能完善，加快公共服务设施的配套和一体化管理工作，建成后将增加宾馆、特色餐厅、旅游用品商店、大型停车场、星级旅游公厕和游客中心等旅游基础设施。

未来数年内，区内餐住娱乐服务业将根据高、中、低端不同层次的服务对象分布状况，重点在南湖地区集中配置和向西南片新城区发展。其中，隶属于“缤纷南湖”建设项目的南湖新天地和长虹路美食休闲街（以中低端服务对象为主）将于2007年全面投入运营；新城区商务中心（CBD）已建成的高层大厦内部国际化、都市化高档酒店（以高端服务对象为主）的招商和建设全面展开，其周边的紫鑫中华广场、滨江奥城、金马郦城三个商业街区（内含餐饮娱乐服务项目）将于2007年率先建成开业；同时，各街道也将创建包括餐饮娱乐服务业为主的特色商业示范街区（以低端服务对象为主）。

Amorous Feelings of the New Town—Profile of the Accommodation and Recreation Service Industry in Jianye District

With the development of various social projects in Jianye District, the supporting facility of the service industry like the accommodation and entertainment service in the district is gradually consummated. All kinds of the hotels and restaurants and leisure facilities are available.

According to the rough statistics, at present, there is one Five-Star (Standard) hotel (Jinling Riverside Conference Hotel), one Four-Star hotel (Golden Mengdu), two Tree-Star Hotels (Xinghu Hotel and South Hotel), one Two-Star hotel (Xindu) and there are 40 small hotels and inns (including the reception houses of the companies or institutions opened to the public), specialized restaurants at various levels and scales, and hundreds of tea houses and cafes providing Chinese or Western style food (including 376 restaurants) so as to meet the need of different social classes. In addition, there are specialized and synthesized recreation service facilities, represented by the Jiangdao Chamber (Jiangxin Hotel), MGM International Club, Heaven Palace Massage Club and Huangzi Hot spring in this district.

After the zoning adjustment of the district, with the care and promotion of the local government and related departments, the business situation of accommodation and recreation service in the district is undergoing large-scale re-distribution and adjustment. At present, the businesses are relatively concentrated in the Shui Ximen Avenue and the surrounding area of Mo Chou lake Park, and can catch up with the current development pace of tourism industry. In order to adapt to the rapid development of tourism industry, by upgrading the level, perfecting the function, and accelerating the configuration and integration of the public service facility, Tourism Bureau of Jianye District is stepping up efforts to establish the Shui Ximen street featuring in tourism and relaxation, When the construction is over, the tourism infrastructure will also be completed, such as the hotels, specialized restaurants, tour gear shops, large-scaled parking lot, high-level tourism lavatories and tourist centers.

In the coming years, according to distribution of the potential customers in different level, the development of the accommodation and recreation service industry will concentrate in Nanhu area and go towards the new town in the southwest. The projects of Nanhu new world and Changhong delicious cuisine and leisure Street affiliated to the project of the “colorful Nanhu” (aiming at the low & middle-class) will start the business in 2007. In the business center of the new town area, the business promotion activities conducted by the high-class and internationalized hotels in the high-rise buildings have been carried out. (aiming at the high class customers). The three commercial blocks of Zixin China Plaza, Riverside Aocheng , Golden-Horse Licheng providing service as food, beverage and entertainment will first open in 2007.Meanwhile, other communities and residential areas will also set up the characteristic commercial blocks (aiming at the low-class customers), which give priority to the service industry of food and beverage and recreation.

金陵江滨国际会议中心酒店是南京首家以商务会议和休闲度假为主题的江畔园林式酒店。毗邻奥体中心，北与绿博园相接，筑建于秀丽的园林之中。

酒店拥有228间豪华典雅的客房，2栋依湖而建的北美风格豪华别墅，多个餐厅以金陵经典菜系和江鲜特色美食为主题，现代气派的的会议中心拥有2000平米的会议场地和一流专业设施。酒店堪称各类会议和宴会的首选之地。

优美的江畔园林环境，连廊环绕、湖水荡漾、水景喷泉的自然美景和精心打造的主题会议、户外BBQ、草坪婚礼、时令佳节农家宴等时尚新颖的特色产品，令宾客由衷叹为：“花园般的酒店，花园里的会议”。

金陵江滨国际会议中心酒店

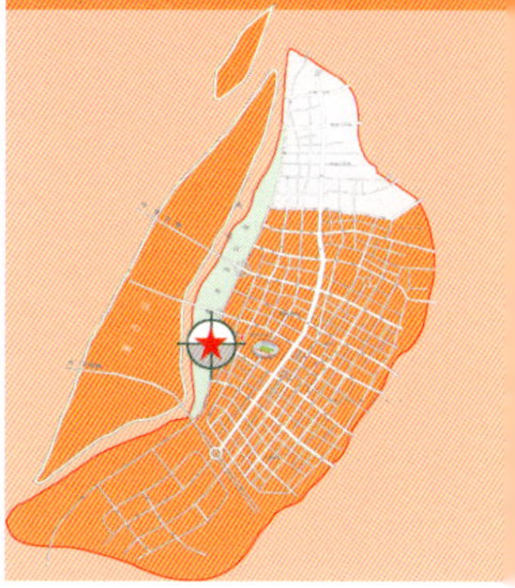

轻松会议，愉悦享受——金陵江滨国际会议中心酒店堪称各类会议和宴会的首选之地。拥有独立的会议楼和一流的会议设施，近2000平方米的会议场地能够进行无线上网、电视电话会议、视频会议、6声道同声翻译系统，适合举办各种国际性会议、大型宴会和展览。专业的“会务顾问”提供新颖时尚的会议策划服务，如会议主题茶歇、户外BBQ、主题草坪用餐等户外特色产品。酒店推崇的“轻松会议，愉悦享受”的服务理念将让您体验“满意+惊喜”的会议新感受。

金梦都宾馆

金梦都宾馆是南京卷烟厂全额投资兴建的一座集会议、住宿、餐饮、休闲于一体的花园式四星级酒店。坐落于南京河西中心商务区东侧，毗邻奥体中心和机场高速公路，交通快捷便利。

宾馆共拥有客房55套，标准间、单人间、商务套房、豪华行政套房一应俱全，均配有独立的多功能沐浴装置、小酒吧、冰箱和宽带上网接口。多个不同类型的会议室设施完备，适于会议、商务等各类客人的需求。

宾馆中、西餐厅齐全，500餐位的百合厅、可容纳200余人的多功能宴会厅和可承接百人西式酒会的郁金香厅，富丽堂皇，设有进口专业音响设备和舞台，适合举办大型庆典、喜宴、宴请活动。9间幽雅别致的豪华包间，使您尽享香浓馥郁的美食和情致深蕴的服务。宾馆中餐菜肴以兼收并蓄为特色，融各大菜系所长，不拘泥于菜式风格，味美独到，回味悠长。西餐菜系适应国内流行的趋势，以快捷的意大利菜为主打，原汁原味，崇尚自然、质朴的风格。

宾馆康乐部配套有恒温游泳池、健身中心、2个标准网球场、4球道保龄馆、桑拿中心、乒乓房、司诺克房、篮球场、舞厅以及服务精良的美容沙龙。宾馆纯欧式的主体设计，为芳草、绿树、花卉、喷泉、小溪、假山、回廊等各式景观所映衬，中西合璧的十余座园林小品，是都市中难以觅得的情境。

新人牵手、商务休闲、会议运筹、朋友小叙、家人欢聚……金梦都宾馆让您拥抱自然，品味时尚，感受生活。

100 Volumes Of
JIANYE URBAN SYMBOLS
NO.
080

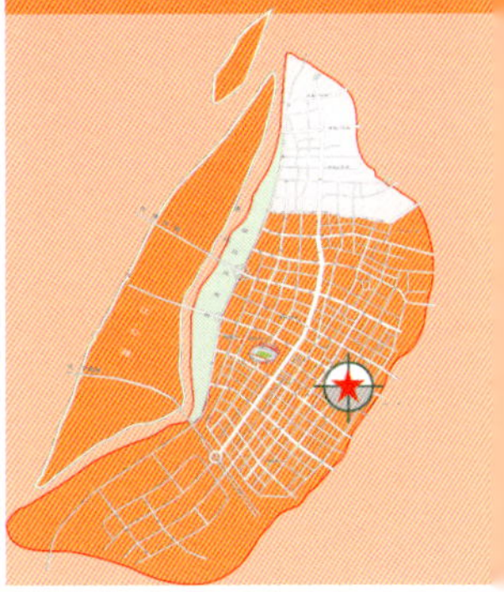

GOLDEN METROPOLIS HOTEL

100 Volumes Of JIANYE URBAN SYMBOLS
NO. 081

南京星湖饭店

南京星湖饭店是由江苏省妇联和江苏星汉置业有限公司共同投资兴建的，集餐饮、客房、购物中心、商务中心、美容美发于一体的三星级涉外旅游饭店。饭店拥有各类客房 135 套，大部分房间均配备电脑，可宽带上网。同时又为商务客人配备了上网接口，可用手提电脑上网。

星湖饭店设有大型中餐厅——莫愁厅，那里美食荟萃，佳酿琳琅，可容纳 250 余嘉宾共享美食之乐，适合承办婚宴及大中型自助餐会、公司庆典等。同时，二楼、三楼、四楼共有 24 套贵宾包间，三个各俱欧式、中式、江南风格的豪华大包间更是清幽别致，环境幽雅。贵宾包间介于 6 ～ 22 人之间，是各位嘉宾逢三五小聚，集体联欢的最好选择，也是商旅洽谈、接待贵宾的最佳选择。

饭店配有大小会议室三个，行云厅、多功能厅、天朗 AB 厅，备有先进的视听设备，加上无微不至的服务，安排妥善，可配合客人举行不同种类、不同规模的会议及展览。

饭店自 1998 年开业以来，始终秉承“宾客至上、服务至诚”的服务理念，得到了社会各界的普遍认可。几年来，饭店陆续被评为“南京市商贸流通工作先进单位”、“南京市服务质量奖”、“南京市旅游行业先进集体”、“食品卫生等级 A 级单位”、“南京市涉外住宿管理工作先进单位”、“南京市消防工作先进单位”、“省级巾帼文明示范岗”、“省级青年文明号”、“省总工会五一文明示范岗”等荣誉称号。

“红透”龙虾作为饭店的主打产品，其美妙滋味已经让众食客达到痴迷的程度，自 2002 年成功推出至今，人们对它的喜爱一直经久不衰，特别是已获得国家发明专利的清水龙虾、麦扬烤虾两种产品，更是让人吃了流连往返、难以释怀。为了更好地实现品牌化经营，饭店不但为龙虾申请注册商标和国家发明专利，而且制订了规范的龙虾生产标准，成为南京市唯一一家具有龙虾烹饪生产标准的企业，使得龙虾烹饪规模在急剧增长的情况下仍然保持如初的质量标准。从而让红透龙虾朝着中国龙虾第一品牌的方向运作。

红透龙虾
[打造中国龙虾第一品牌]
品质卓越
工艺领先
发明创新
星湖饭店
中国南京市汉中门大街65号
电话:(025)86656888

XINGHU HOTEL
星湖飯店
星湖飯店

100 Volumes Of
JIANYE URBAN SYMBOLS
NO.
082

南方酒店

南方酒店是现代化三星级旅游涉外饭店，地处风景秀丽的莫愁湖畔，占地面积2296平方米、建筑面积9500平方米，楼高21米共八层（地面七层），共有标准房、商务房、套房和豪华套房65间，商务办公房18间；二楼为会宾楼中西餐厅，共计350多个餐位，12个包间；贵宾包间风格各异，环境优雅气派。酒店对外承接中小型会议，会议室功能齐全，有可容纳220人的中型会议室。

酒店除客房、餐饮、会务功能外，还配有购物中心、商务中心、堂吧、桑拿、美容美发、健身、KTV包间、保健推拿中心等服务设施。

酒店主业南方酒店有限责任公司，系集宾馆酒店服务及室内装潢、水电安装、房地产中介服务于一体的有限责任公司。公司开业经营6年来，形成了自己的经营体系和企业文化，取得了较好的经济效益和社会效益，每年平均销售1500万元，上交税金85万元/年。其主业南方酒店地处南京河西新城的黄金地段，房产评估价值7500多万元，在南京旅游系统历年经济指标测评中都名列前茅，成为建邺区名副其实的纳税大户和河西北部建成区的窗口单位。

南方酒店
南方酒店
SOUTH HOTEL

100 Volumes Of JIANYE URBAN SYMBOLS
NO. 083

鱼翅海鲜聚珍宝
——珍宝阁大酒楼

珍宝阁鱼翅海鲜大酒楼位于河西新城主干道江东中路路段，2001 年年初开业。酒楼总经理为建邺区政协委员——黄维珍女士。

2000 年，黄维珍女士经过深思熟虑，以睿智的眼光和具有前瞻性的魄力，先后两次投资 1200 万元，在河西新城承租了 3000 平方米房产，兴办了“珍宝阁鱼翅海鲜大酒楼”，填补了该地区缺乏高档酒楼的空白。五年多来，她凭借自己的资金、经验和管理等方面的雄厚优势，始终秉承“诚信兴商，善待宾客”的理念，取得了不斐的经济效益和社会效益，将“珍宝阁”创建成为河西新城区内名声卓著的特级餐饮名店。

“珍宝阁酒楼”年均营业额在 1500 万元左右；年创利税近 400 万元。同时，酒楼累计安置贫困及下岗职工计 300 人。为区域经济的发展和社会稳定作出了积极的贡献。

黄维珍女士骄人的业绩和勇往直前的事业心，得到了政府各部门的大力支持和认可。2004 年 9 月，建邺区政府和南京河西新城区开发建设指挥部，专门对黄维珍拟在奥体中央商务区（CBD）内投资新建“珍宝假日饭店”，下达了批复和会议纪要。在建的珍宝假日饭店项目总投资 8000 万元，占地面积约 4100 平方米，建筑面积约 12000 平方米。建成后的“珍宝假日饭店”，将是一座与奥体中心主场馆风格相匹配的，集餐饮、娱乐、休闲和客房于一体的多功能的四星级饭店。目前基建工程正在紧锣密鼓地进行中，计划 2007 年正式对外营业。

百事可乐
珍宝阁

珍宝阁
大酒楼

富贵俏江南
川菜
精品特
FU GUI QIAO JIANG NAN RESTAURANT
99
俏家
一品

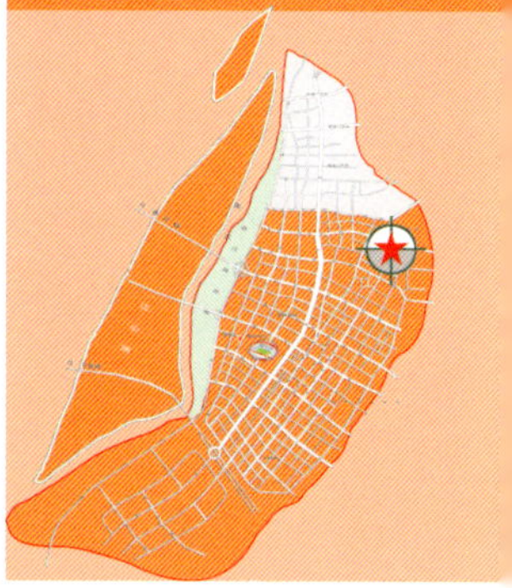

富贵俏江南大酒店

南京富贵俏江南大酒店位于莫愁湖公园南门外“莫愁大厦”（1～3层），酒店装饰富丽堂皇，豪华典雅，古典文化与现代艺术交相辉映；营业面积4000余平方米，可同时接待800人，设有不同风格的豪华包间40余间。酒店董事长为南京餐饮业知名人士单小兰女士。

长期以来，富贵俏江南大酒店树品牌、创特色，致力打造中华餐饮名店，以特色吸引人，以质量留住人，其优雅的用餐环境及规范化、程序化、人性化的优质服务，深得各界人士的厚爱与支持。2006年4月，酒店成功地举办了“南湖地区首届美食文化节”活动，吸引了“金鹰”、“珍宝阁”、“中保龙”、“盛宴居”、“桃花源”、“刘家香”等15家知名餐饮店的积极参与，好评如潮；中国烹饪协会、江苏省烹饪协会的餐饮专家和部分酒店的总经理还进行了餐饮行业论坛交流，为促进地区餐饮业的繁荣发展起到了良好的推动作用。

酒店集粤、川、淮扬及地方特色菜为一体，菜肴取之天然绿色，讲究原汁原味，并特聘粤菜大师主理燕、鲍、翅、参系列高档滋补菜肴，拥有多款获奖名菜。其中剁椒大鱼头、一品白鱼、脆皮乳鸽、鲍汁酒香肉、木桶臭豆腐、鲍汁鹿蹄筋、金牌馋嘴蛙、砂锅焗鱼嘴等一批菜肴，更是广大消费者每桌必点、拍案叫绝、回味无穷的经典特色菜；专为冬季滋补、养身健体而推出的“俏家一品砂锅”系列菜肴，尤为趋之若鹜的食客们所喜爱。

早茶夜宵
早茶6:30-10:30
SY366

100 Volumes Of
JIANYE URBAN SYMBOLS
NO.
085

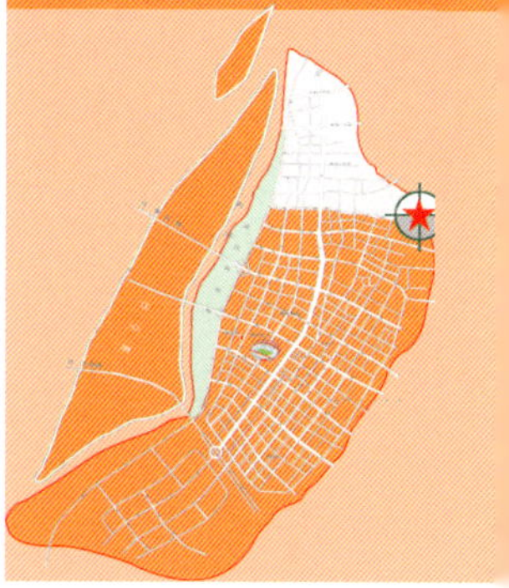

南京公馆菜食府

汉中门外，秦淮河畔，矗立着名闻南京城的公馆菜食府。

二十世纪三、四十年代的上海广州、北京、南京、四川等文化历史名城里，分布着许多著名的公馆，是旧时代社会贤达、文化名流、达官显贵会聚之地，其主人对烹调技艺极为讲究，食不厌精、脍不厌细，创造出许多脍炙人口的美味佳肴。这些菜肴逐渐形成了一支文化含量高、刻意追求美，讲求滋补、技艺精湛的民国公馆菜系。

南京公馆菜食府汇集了上海、广州、北京、南京、四川等令人百吃不厌的传统名菜，以及近年来不断涌现的新潮菜。并专门购置安放了一台老式蒸汽牵引机车，在列车厢式包间里聚会小酌，让怀旧一族留连忘返。

让人爱吃、一吃不忘，并享受其中别具一格的民国风情食文化，吃后还常常津津乐道，念念不忘蒸汽机车时代文化带来的对往昔岁月的追忆，念念不忘遥远记忆中玫瑰芳香般的浓浓情意。

喧嚣中的宁静
——怡雅饭店

怡雅饭店毗邻奥林匹克体育中心，周围有绿博园、莫愁湖等风景名胜点，地理位置得天独厚，出行交通十分便利。饭店按照星级宾馆的要求进行管理，始终坚持“质量第一”的经营思想，确立安全以“预防为主”，服务以“客户为中心”的理念，时时处处使客人有方便、舒适、安全、温馨的感觉。

饭店拥有价格适中的标准客房 62 间（双标、单间、套间）、可容纳 200 多人同时进餐的餐厅及包间，大小会议室、美容美发廊、附设商务购物中心，24 小时提供传真、打字复印、各种商务代办、行李免费寄存等多项服务。

饭店广场绿色成荫，有近 40 个停车位，解除了宾客停放车辆的后顾之忧。饭店附属的怡雅乐园，原名凌桑园，系参照苏州古典园林艺术建设的庭院式休闲场所，环境优雅，闹中取静，让来宾充分感受到繁华都市中的一丝宁静。

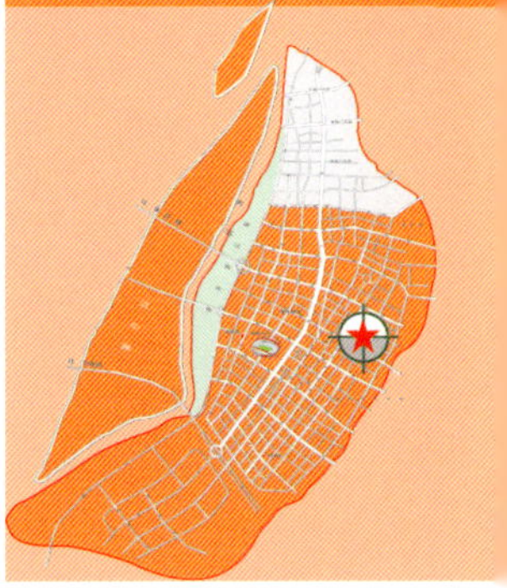

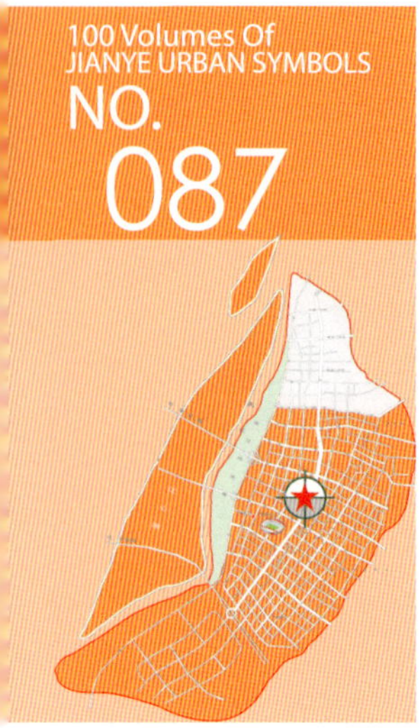

金狮楼酒店

金狮楼酒店位于河西新城兴隆大街与燕山路交界处，为附近奥体新城等住宅小区居民的餐饮配套设施，2005年入驻河西。

该酒店系湖南湖狮子桥餐饮街狮子楼大酒店的姐妹店，其菜品源于六朝古都的京苏菜。江南水乡的富饶出品，经过金狮楼大厨们继承创新，形成了金狮楼选料好、做工精、形象美、口味佳、自成一体的京苏新派菜肴。

金狮楼是河西第一家环保概念型酒店，为了确保酒店品牌，做到进货无污染，天然绿色，酒店专门开设了一家环保概念的农贸市场，引入菜农直接进场销售；对市场销售的所有菜品严格把关，凡有农药污染，含菌总量超标，化学滞留物超标的菜品坚决杜绝入市。

金狮楼
精做南京菜
金狮楼

雲中秀逸造型
BLUE GULF
蓝湾咖啡
LYRICAL BAR
蓝湾咖啡店
BLUE GULF COFFEE HOUSE
秀逸发型
BEAUTY SALON

可口可乐

蓝湾咖啡店

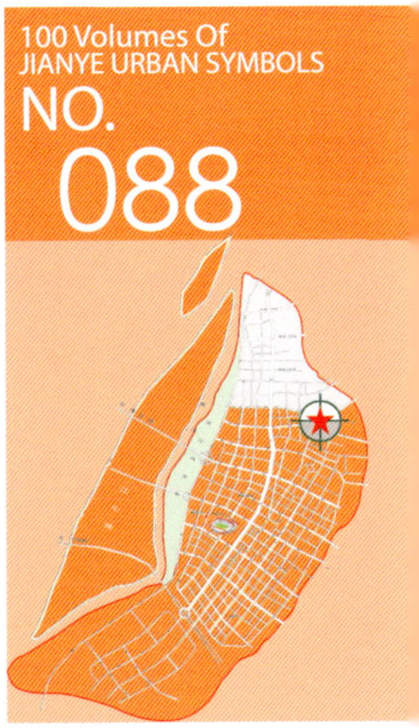

蓝湾咖啡店是在都市南京日益国际化的大环境下应运而生的。“蓝湾咖啡”是南京大型咖啡连锁店代表之一。位于汉中门大街北侧的汉中门店是蓝湾旗舰店，坐落于风景优美的莫愁湖畔，顾客凭窗而坐，即可一边品尝来自世界各地的名品咖啡，一边欣赏莫愁湖动人的景色。

蓝湾咖啡店极为注重咖啡的品质，提供的产品均采用经过严格挑选的 100% 最优质的咖啡豆制成，与此同时更十分注重消费者的口味和爱好，研制出了独具特色口味的各式品种咖啡，并根据追求时尚人士的新口味不断推出新的咖啡配方，形成了独具特色的“蓝湾咖啡”品牌；除此之外，还向消费者提供各种特色品牌的饮料以及精美的中式餐点，以迎合广大消费者不同的需求。

蓝湾咖啡店室内的环境布置带给顾客温暖亲切如家的感觉，古典幽雅，人文气息浓厚，同时配合以时尚流行的蓝色，并不缺乏现代感。店内提供无线上网、商务洽谈、情侣包间、棋牌娱乐等服务，也可接待大中小型冷餐酒会及会议洽谈，极力营造出一个温馨幽雅，令人心旷神怡的现代人文环境。

服务人员的亲切微笑迎客，是“蓝湾咖啡”严格奉行的待客标准。在蓝湾笑容温馨的门店里，顾客在舒适地享用美味咖啡的同时，更会享受到服务生会心微笑带给您的舒畅心情。

醇美的咖啡、舒适的环境、周到的服务，使蓝湾咖啡店成为商务人士、白领阶层等各类时尚人士钟爱的休闲、聚会和消遣的场所。

江岛会所
JIANG DAO CLUB

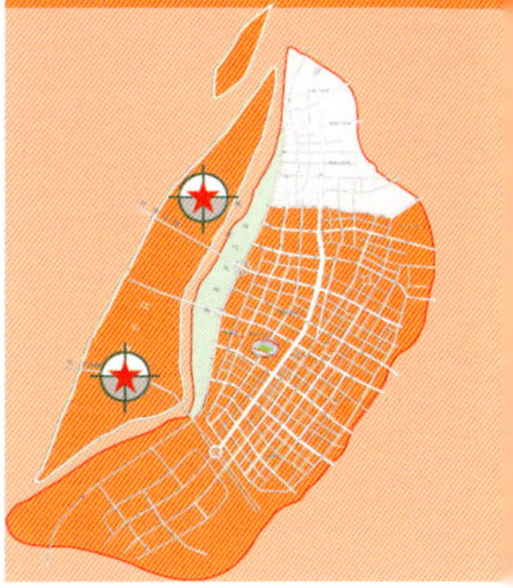

江岛会所（江心酒店）

南京城西侧的江心洲，长江上的第四大岛，镶嵌在绵延万里的黄金水道之中，素有“长江绿宝石”之美誉。洲上气候湿润，空气清新，田圃富饶，植被茂盛，四季苍翠，周边无工业污染，堪称真正的“净土”。

江岛会所（江心酒店）定位为“集旅游、餐饮、会议、健身、娱乐、休闲为一体的观光旅游度假村”，建设经营目标为“高品位、高档次、上星级”。

在那里，我们眺望长江，阅览长江，享受长江；

我们悠然信步葡萄架下，韭菜园中；或闭目垂钓，静心等待鱼儿上钩。

我们到江心洲追寻什么？

我们追寻自然，追寻健康，追寻快乐！

江岛会所（洲南）—— 建筑面积约 7000 平方米，共由 13 幢欧洲农村风格的别墅，各种配套及江畔花树景观组成。其建筑主体功能设为：康居中心（梅苑、兰苑、竹苑、菊苑、莲苑、荷苑，豪华间与标准间各 3 幢，共 6 幢）、康体中心、康乐中心、餐饮中心（迎宾楼、鸿运楼、杏花楼，共 3 幢）、会议中心、管理中心，同时配置有露天餐厅、泳池、篮球场、垂钓池等。

江心酒店（洲北）—— 建筑面积 5000 平方米。北端，建有金陵不多见的欧州歌特式三层多功能综合楼一幢；向南，有 9 幢二层新家式别墅有序排列，项目配置有游泳池、网球场、垂钓池等。周边绿荫环绕，野趣横生，风情万种。

100 Volumes Of JIANYE URBAN SYMBOLS
NO. 090-100

新城保障——政府服务机构概况

南湖街道办事处 / NO.090

滨湖街道办事处 / NO.091

建邺区兴隆街道社区中心 / NO. 092

建邺区南苑社区中心 / NO. 093

沙洲街道办事处 / NO. 094

双闸街道办事处 /NO.095

江心洲街道办事处 / NO.096

南京市地方税务局建邺分局 / NO. 097

南京新城科技园管委会 / NO. 098

南京市建邺区政府大厦 / NO. 099

南京市河西新城区开发建设指挥部 / NO.100

南京市建邺区政府现设有33个工作部门，5个事业局和少量直属单位；另有公安、工商行政管理、国税、地税、质量技术监督和药品监督等5个部门系由市垂直领导。除此之外，为服务南京新城科技园的开发建设，于2003年5月成立“南京新城科技园管理委员会”，下设日常办事机构管委会办公室，行政级别等同于区级机关各部门；不久的将来，为加强和保障现代服务业核心区的建设，还将设置南京市河西中央商务区管理委员会，其常设机构为管委会办公室。

由于2003年10月南京市区划调整，除区委、区人大、区政府、区政协大部分部委办局仍在建邺大厦集中办公外，调整前在原辖区独立办公的区检察院、区法院、公安分局、工商分局、税务分局等行政司法执法部门以及少量区委区政府部门单位尚未搬迁，预计从2007年起，区政府及上述独立办公的部门单位将陆续搬迁至新址办公。

全区下设7个街道办事处，由北向南依次为南湖街道、滨湖街道、兴隆街道、南宛街道、沙洲街道、双闸街道和江心洲街道。各街道均有独立的办公服务地点，其中兴隆街道和南苑街道已分别建成数万平米的新型社区服务中心，沙洲街道和双闸街道社区服务中心也相继开工建设，其余3个街道社区服务中心亦加紧进行建设前期筹备工作。

由于河西地区北部还包含鼓楼区和下关区部分辖地，因此南京市政府在河西设置了常驻工作机构“南京市河西新城开发建设指挥部”，统一指挥和协调整个河西地区新城的开发建设。

Guarantee for the New Town——The Profile of the Government Service Organization

The people's government of Jianye District, Nanjing, currently has 33 departments, 5 public administration bureaus and several units directly under its administration; additionally, it has 5 departments such as public security, administration for industry and commerce, national revenue, local taxation, quality and technical supervision and drug administration being directly managed by Nanjing municipal government. Besides, In order to serve the development and construction of Nanjing New Town Science & Technology Park, The Administration Commission whose power is at the same level as the district department was set up in May, 2003. It has an office of administrative commission to handle the daily work. In order to reinforce and ensure the construction of the modern service industry core zone, Nanjing Hexi CBD Administration Commission is planned to set up in the near future, with the office of administrative commission as its standing body.

Due to the administrative districts zoning adjustment in Nanjing urban area, most of the offices of the committees and departments such as the District Commission, the District Council, the People's Government of Jianye District, and the District Committee of the People's Political Consultative Conference of China remain in Jianye Mansion, which is an one-stop service center; additionally, a few departments under the leadership of district commission and the district government along with the administrative departments of justice and law enforcement have not been moved. For example, the People's Procuratorate and the People's Court of Jianye District, the District Public Security Bureau, the Branch of Administration for Industry and Commerce and the Branch of Tax Bureau, which all served independently in the locations before the adjustment. It is planned that from 2007, the district government and the above-mentioned independent departments will move to the new site successively.

There are seven street community offices in Jianye district, which in proper order from the north to the south are Nanhu street, Binhu street , Xinglong street , Nanwan street , Shazhou street, Shuangzha street and Jiangxinzhou street. Every street community has its own service site. Xinglong street and Nanwan street had separately built up a modern community service center with the area of more than ten thousand square meters, while Shazhou street and Shuangzha street are successively having their service centers constructed; and the rest three are accelerating their preparation for their own service centers construction.

Since some area in northern part of Hexi are under administration by Gulou District and Xiaguan District governments, the People's Government of Nanjing set up a standing office----the Development and Construction Headquarter of Hexi New Town, Nanjing , so as to command and coordinate the development and construction work of Hexi area as a whole.

100 Volumes Of JIANYE URBAN SYMBOLS

NO. 090

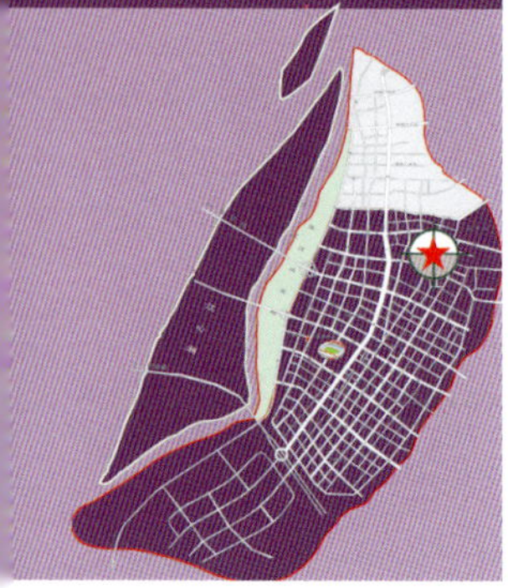

南湖街道办事处

南湖街道地处南京城西，是进入建邺新城的窗口地区。

南湖街道面积较为狭小（约1.9平方公里），人口密集，现有9个社区，居民1.78万户，户籍人口4.74万。辖区内有省淡水水产研究所、市开发五公司等企事业单位100余家，有中学1所、小学4所、幼儿园5所（其中有3所省级示范园、1所市级示范园）。

南湖街道成立于1984年2月，以辖区内有南湖为名。20世纪80年代，南京市委、市政府为安置下放回宁人员，在南湖兴建南湖小区，成为当时全省最大的新型居民区，也是国内主体配套工程一次性投资、一次性建成的最大住宅区。先后接待过党和国家领导人李先念、万里、乔石和澳大利亚总理霍克、民主柬埔寨主席西哈努克亲王等贵宾，成为建邺区最著名的街道之一。

进入21世纪以后，为了给居民群众创造一个优美、舒适的生活环境，2003年始，在政府和街道两级的共同努力下，投入数亿元资金，对辖区内384幢多层住宅全面实施平改坡和立面出新等大规模改造工程。拆除违章搭建2.29万平方米，拓宽改造13条主次干道，新建封闭式围墙74万平方米，对4917座窨井和4258米下水道等公共设施全面整修，重建南湖公园和南湖广场；同时，还建设形成了社会化服务网络，使美丽的南湖地区又一次焕发了青春，南湖街道也获得了省社区建设示范街道等多项殊荣。

南京市建邺区人民政府
南湖办事处
建设和谐南湖
造福千家万户

100 Volumes Of
JIANYE URBAN SYMBOLS
NO.
091

滨湖街道办事处

滨湖街道办事处成立于2003年3月，是建邺区最年轻的街道。

街道办事处位于建邺区新老城区中间地带，下辖9个社区居民委员会。总面积2.4平方公里，居民1.62万户，户籍人口4.33万。区域内商贸服务业发达，历史、文化底蕴深厚：有一批独具特色和规模的大型商贸企业、集团、市场；有著名的“江南第一名胜”莫愁湖、南京云锦研究所、侵华日军南京大屠杀纪念馆、恽代英烈士殉难处等。

滨湖街道工委、办事处自成立以来，始终坚持把发展作为第一要务，按照“夯实基础抓发展，把握机遇求发展，破解难题谋发展，增创优势促发展”的总体思路，以“实干、拼搏、创新、开拓”的崭新姿态，积极融入河西新城建设，广大干部群众艰苦奋斗，团结拼搏，各项工作取得显著成绩：经济工作连续3年实现重大突破；城市管理逐年加强，区域环境面貌日新月异；社区建设整体推进，社区和谐氛围日益浓郁；社会稳定工作常抓不懈，连年获得市、区先进表彰；党建和精神文明建设不断加强，形成特色；全面完成各项急难险重任务，为滨湖的长远和谐发展，为地区“三个文明”建设奠定了良好基础。

新蕊绽芳华，春色满滨湖，随着建邺新城建设的强劲步伐，滨湖街道办事处将迎来更加灿烂的明天。

南京市建邺区人民政府滨湖办事处
南京市建邺区人大常委会滨湖街道工作委员会
中共南京市建邺区委员会滨湖街道工作委员会

叙社区情

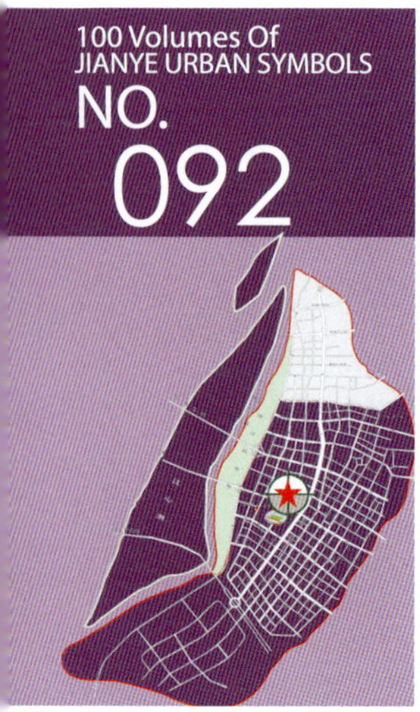

建邺区兴隆街道社区中心

建邺区兴隆街道社区中心位于建邺区的中心腹地，西临长江，东以江东南路为界，下辖7个社区居民委员会，4个行政村，总面积8.2平方公里，现有户籍人口2.4万人，流动人口3.3万人。

2001年11月16日，河西新城区被确定为十运会主场馆所在地，围绕“十运会”主场馆的建设，兴隆街道社区中心始终行进在“建设新城区、迎接十运会”的历史征程中，经过兴隆人几年不懈地努力，今日兴隆已是国民经济快速增长、经济实力显著增强，基础设施日臻完善、城市面貌日新月异、社会事业蓬勃发展、人民生活明显改善的具有现代化都市风貌的新型街道。

2005年10月，举世瞩目的全国第十届体育运动会圆满召开，作为最直接东道主的兴隆街道的广大干部群众为此做出了巨大的贡献。2005年，全体兴隆人齐心协力、攻坚克难、艰苦奋斗、负重拼搏，出色完成“十运会”、“绿博会”等各项重大保障任务，街道经济和各项事业取得全面发展。街道总税收突破亿元大关，引进注册资金29553万元，利用外资351万美元，出口创汇567万美元。2005年12月9日，在全区“迎接十运会、建设新城区”总结表彰大会上，兴隆街道社区中心荣获唯一的街道特别贡献单位。

根据南京城市总体规划确定的发展目标和河西新城区的发展条件，未来的河西地区将成为以商贸、金融、文体三大功能为主的城市副中心，成为居住与就业兼顾的中高档居住区和以滨江风貌为特色的城市西部休闲游览地。

2005年新建的街道社区中心是一个布局合理、功能完备、配套齐全、环境优美、与河西新城区相协调的现代化社区中心。投入使用后对于改善兴隆地区社区服务配套设施，拓展社区服务领域，提高社区管理和服务效能，以及推进街道经济发展，扩大对外开放，提升新形象，实现新腾飞都具有十分重要的意义。

兴隆街道社区中心是河西新城开发的焦点地区，随着河西新城的发展，兴隆街道社区中心正日益成为交通发达、经济繁荣、环境优雅、功能完备，现代文明与滨江特色相辉映的城市新区。

XIN

GLING/ Community Centre

100 Volumes Of
JIANYE URBAN SYMBOLS
NO.
093

建邺区南苑社区中心 / Community

建邺区南苑街道位于河西新城中部，下辖 9 个社区居民委员会，2 个行政村，总面积 7.68 平方公里，居（村）民 1.6 万户，户籍人口 4.6 万。

南苑社区中心位于建邺区南湖路 58 号，由南苑街道建设，2006 年 4 月 3 日投入使用。中心主楼 12 层，裙楼 5 层，总建筑面积 3.8 万平方米。

南苑社区中心是集政府行政服务和社会化服务为一体的城市社区综合服务平台，该中心以便民惠民为宗旨、功能齐全、配套完善，是南京市唯一一家江苏省城市社区综合服务平台建设试点单位。在服务功能配备上，坚持以人为本，综合服务的理念：政务受理中心设有劳动保障、税收代征、民政事务、社会事务、城建城管、法律咨询等 18 个服务窗口，为社区居民提供“一站式”零距离服务。教育培训中心为社区居民提供各类教育培训，同时为辖区企事业单位提供商务会议安排。文体活动中心以满足社区居民群众物质文化生活需要为目标，建有图书馆、电子阅览室、书画室、民间艺术陈列室、体能测试室、多功能排练厅、健身房、瑜珈室、乒乓球室等，为地区居民提供全方位的文化体育服务。商贸休闲中心为方便社区居民群众生活，建有 12000 平方米的华润苏果生活广场、8000 平方米的餐饮美食、娱乐休闲场所，以及银行、邮政等配套设施。社区商务中心利用社区中心完善的设施与优美的环境，构筑街道 7000 平方米招商引资平台，发展总部经济和楼宇经济，培育新的经济增长点，丰富和繁荣地区性的商贸经济。

ntre

Community Centre

庆祝国庆
43
南京市建邺区人民政府沙洲办事处

沙洲街道办事处

沙洲街道办事处位于建邺区东南部，东西长7.2公里，南北宽2.4公里，总面积12平方公里，总人口12400人。辖区西侧是南京新城核心中央商务区（CBD），东侧是南京新城科技园，南侧是大片待开发地区；区域内两条地铁纵横穿行。所有这些，都是该街道办事处近年来得以高速发展的重要依托。

沙洲街道办事处驻地沙洲村，下辖青石、沙洲、双和、中和、莲花等5个行政村。2000年乡改镇，2001年10月镇改街道办事处。2002年10月，由雨花台区划入建邺区管辖。

面对城区新的发展形势，街道办事处全方位与城区要求进行无缝对接，努力克服社会转型期间的一系列问题和矛盾，不断抢抓新机遇，谋求新发展。到2004年共引进内资、外资、民营等类型企业约150余家，尤其是做大、做强了省重点龙头企业雨润、税收大户许氏洋参，建成了“全国农业部示范工业小区”。全街道办事处国内生产总值由“十五”前的3亿多元，增长到2004年的7.65亿元，工商各税由“十五”前的2000多万元，增长到2004年的1.24亿元，至2005年实现税收约2亿元。“十五”期间，街道办事处在全市率先实现税收亿元街道，在全市夺杯竞赛中，连年夺得“发展杯”金杯，全市乡镇工业评比第一名，两次荣获市“建设新南京有功单位”等殊荣，连续三年在全市乡镇和涉农街道办事处综合实力评比20强中排名居首，并多次被江苏省授予安全优秀街道办事处、省科普文明街道办事处等荣誉称号。

2005年，沙洲街道在夺得市“开放杯”铜杯后，还先后获得省安全生产先进单位、“五四”红旗团委创建单位、档案目标工作管理省一级标准、商会先进集体、工会劳动争议调解先进集体、工会协调劳动关系先进集体、审计工作先进集体；市安全生产先进单位、城市建设有功单位、迎“十运会”城市环境综合整治工作先进集体、迎“十运会”出入城道路第一名、综合治理先进单位、工商联基层组织建设先进单位、计划生育先进单位、审计工作先进单位；区政治文明考核第一名、作风建设第一名、创建最佳投资服务区优胜单位等荣誉称号。

今后的沙洲街道办事处将积极依托两翼的中央商务区和新城科技园，加速培育物流业、商贸业，集中发展都市工业，大力发展新型文化产业，力争在“十一五”期间内使新沙洲成为南京市首善街道、文明街道、活力街道、和谐街道。

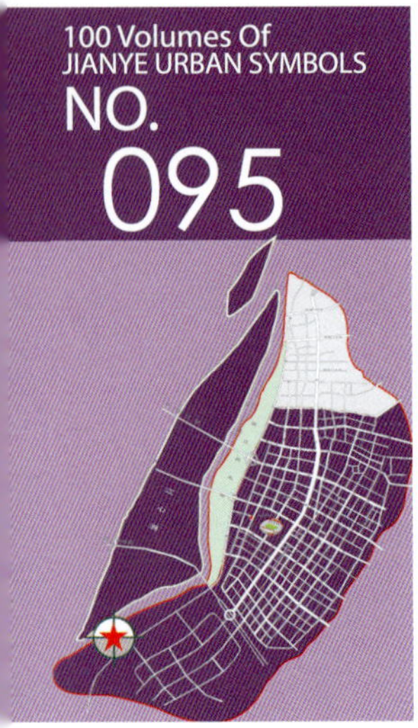

双闸街道办事处

双闸街道位于建邺区西南长江夹江与秦淮新河交汇处，辖区面积 17 平方公里，大部分属于河西新城待开发区域。全街道总户数 5878 户，户籍总人口 14209 人。下辖 5 个行政村，1 个社区；街道办事处位于双闸镇中心。

2005 年，街道工委、办事处牢牢把握经济中心，强化产业载体建设，经济保持持续、稳定增长。全年共实现国内生产总值 20743 万元，同比增长 14%。其中第二产业 1085 万元；第三产业 16657 万元。实现财政总收入 7191 万元，地方财政收入 2322 万元；2006 年，街道财政总收入和地方财政收入分别增至 9442 万元和 2818 万元。

农副业以推进都市农业发展、农业科技进步和农业产业化经营为重点，产业结构更趋于合理，实现第一产业增加值 3377.4 万元。大力开展生态农业建设，完成江南生态农业示范村建设，挂牌首批市级生态示范村，成功创建省级科技示范街道。

工业发展加快结构调整和技术创新步伐，着力盘活存量，培植后劲，强化服务，经济运行质量进一步提高。2005 年全年完成工业产值 16.98 亿元；合同利用外资 620 万美元，实际利用外资 306 万美元；全年完成社会消费品零售总额 4.27 亿元；引进企业注册资金总额 1.76 亿元(2006 年再引进 1.8 亿元)。

城市化进程不断推进，街道社区教育工作按照创建省级"社区教育实验区"的要求，稳步推进，被评为市社区教育示范街道和区社区教育先进单位；农村经营管理工作被省农办评为先进集体，科普工作被省科技局评为省级科普先进单位，街道档案室被省档案局评为省级档案室；经济普查工作被国务院经济普查办公室评为经济普查国家级先进集体。

中共南京市建邺区纪委双闸街道工作委员会

双闸无公害农产品生产技术培训

100 Volumes Of
JIANYE URBAN SYMBOLS
NO.
096

江心洲街道办事处

江心洲是长江之中的一片基本保存原生状态的绿洲，全洲总面积15平方公里，总户数4889户，总人口1.32万。洲内生态环境良好，无工业污染，绿化覆盖率达47%。江心洲街道办事处下辖白鹭、永定、洲泰等3个行政村、1个居民委员会，街道办事处位于江心洲旗杆汽渡码头迎宾广场北侧。

进入21世纪，随着南京市的区划调整，江心洲发展的步伐大大加快，3年时间内由乡改镇，随后撤镇设街，目前已成为河西新城开发的储备用地，沿江开发及跨江发展的主要板块。

2005年，街道办事处完成国内生产总值7563万元，完成税收6079.8万元，完成地方财政收入1567.6万元（2006年税收和财政收入分别为7648.3万元和2035.6万元），新发展私营企业76个，引进注册资金1.08亿元，农民人均纯收入从1997年的4103元增长到2005年的7609元，2006年达到8217元。

近年来，江心洲街道办事处立足街情和未来发展定位要求，认真贯彻“打造生态江岛、壮大街道经济、促进农民增收”的工作思路，上下凝心聚力，负重拼搏，三个文明建设稳步、协调、健康发展。街道先后荣获“中国十大知名农业旅游示范点”等国家级荣誉4项；荣获“省级档案工作一级单位”等省级荣誉3项；荣获“南京市村民自治模范街道”等市级荣誉18项；荣获“建邺区‘迎接十运会，建设新城区’有功单位”等区级荣誉27项。

葡萄游
葡萄情

2006
江上人家新春乐旅游节

2005年南京江心洲江鲜美食节开幕仪式

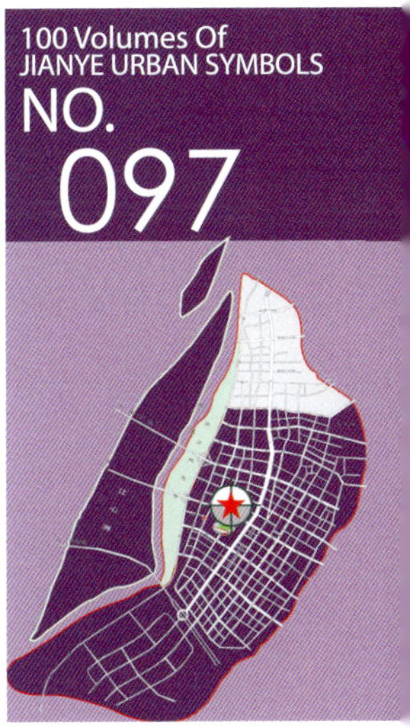

南京市地方税务局——建邺税务分局

南京市地方税务局建邺税务分局成立于1994年10月，现有干部职工91人，大专以上学历97.8%，有53人（次）取得注册会计师、注册税务师、会计师等中级以上职称。

2006年，分局共组织各项收入134224.62万元，其中：税收收入首次突破10亿元，完成108261.6万元，比2005年增长33.4%，增幅列全市各区县之首；征收社保费24738.89万元，各项基金1224.13万元，为地方经济发展作出了应有的贡献。分局在2006年建邺区机关作风评议中连续第五次荣获第一名，实现“五连冠”；先后被评为省、市、区文明单位和“三八”红旗集体、江苏省学习型班组、南京市综合治理先进单位、南京市“四五”普法先进单位、南京市社保费扩面征缴先进单位，省、市地税系统先进集体等，分局各部门也获得了“省级青年文明号”、“全国巾帼文明示范岗”等荣誉称号。

随着建邺新区的经济发展，分局现办公区域位置及功能和条件已不能满足属地服务需要。从新区建设和构建服务型政府要求出发，税务机关尽快并入新区，以方便对河西新区纳税人的管理服务显得非常必要。2005年3月，分局选定梦都大街与华山路交汇处新建办公楼。新办公大楼占地0.63公顷，层高5层，建筑面积约10000平方米（其中地下室2588平方米），总造价约为6000万元，计划于2007年10月正式启用。

新楼启用后，建邺地税分局将继续以服务地方经济和纳税人为中心，以饱满的热情投身建设新南京、建设河西新城中去，为建邺的美好明天再谱浓墨华章！

南京新城科技园开工仪式

新城之光
2006中国南京河西新城
Nanjing China Hexi New City
金秋经贸洽谈会

专场招商会
签约仪式

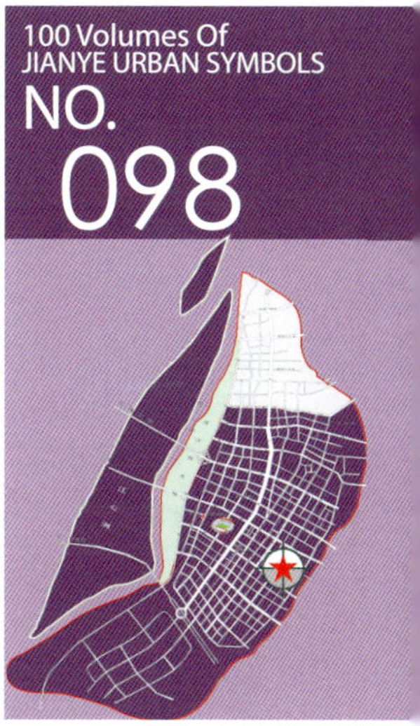

南京新城科技园管委会

南京新城科技园管委会是直属于建邺区人民政府的一级行政管理（服务）机构，管委会主任由区级副职领导兼任。

新城科技园管委会于2003年5月成立。管委会下设办公室和办公室党支部（2005年6月改设办公室工作委员会），行政级别等同于区级机关各部门。管委会办公室设有综合部、工程部、招商部、财务部等4个部门，并负责对外开展工作。

南京新城科技园建设发展有限责任公司成立于2003年8 月，是新城科技园管委会办公室下设的具有独立法人资格的开发机构，主要职责是承担园区的基础设施和招商载体的开发建设。总经理由管委会办公室主任兼任。目前，园区“井”字形道路已全面建成，新城科技大厦，新城创业大厦等3幢招商载体已陆续峻工并交付使用。

园区成立3年多来，已引进中冶华天、中核华兴、徐州矿务集团、烽火通信、江苏网通、欣网视迅、联迪恒星、天泽信息、步步高电子、江苏省电力、江苏省环保、江苏省食品药品技术监督中心、南京信息工程大学产业园等高新技术企业和国内外知名企业40多家。2005年，园区4平方公里实现技工贸收入130多亿元，产值70多亿元。2006年园区税收与2005年相比增加了146.1%。

南京新城科技园管委会临时办公地点位于南京市建邺区东青石路3号，2007年9月新城科技大厦全面峻工后，将迁至奥体大街69号科技大厦新址办公。

南京市建邺区政府大厦

南京市建邺区政府办公大楼即“建邺大厦”，座落于水西门大街东端，背倚风景秀丽的莫愁湖和秦淮河，占地面积 1 公顷，总建筑面积近 3 万平方米，上下共 30 层，1998 年 12 月 28 日建成使用。驻有中共建邺区委、建邺区人大、建邺区政府、建邺区政协等领导和办事机构共 40 余个，系建邺区的政治中心。大楼建有完备的地下停车场、职工食堂、文体活动中心和其他工作及生活设施。

东侧沿街，是政府行政服务中心，设有政务中心、招商中心和投诉中心，一站式受理区域内行政事务。中心公务人员以创建“最佳创业投资服务区”为目标，为来区投资经商的各方宾客和人民群众提供优质服务。

2002 年，“建邺大厦”被南京市政府评为“花园式单位”，获得南京市“绿化先进单位”称号。由于 2003 年区划调整，区政府的位置已偏离区域中心，计划于 2007 年 10 月搬迁新址。

Investment-Attracting Centre

打造最佳创业投资服务区

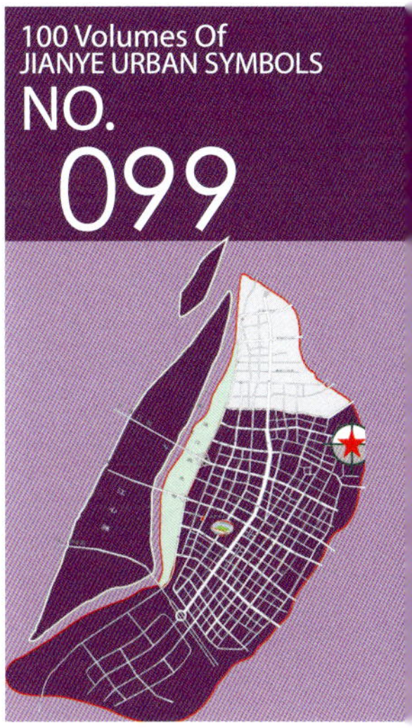

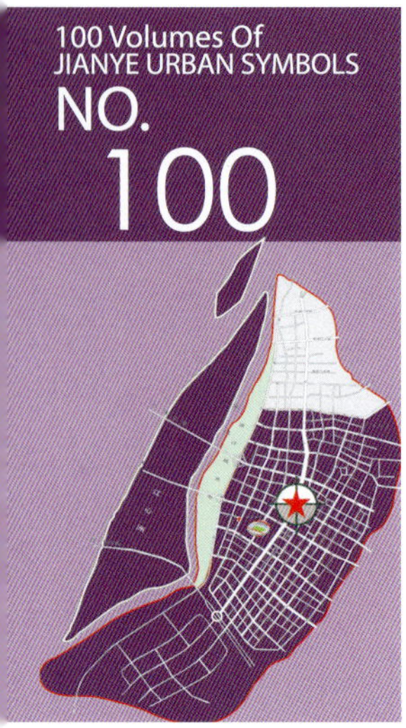

南京河西新城区开发建设指挥部

南京河西新城区开发建设指挥部（以下简称市河西建设指挥部）是南京市委、市政府为协调河西新城区（含建邺、鼓楼、下关3个行政区辖地）开发建设工作而设立的直属单位。同时还成立了南京河西新城区国有资产经营（控股）有限责任公司。

市河西建设指挥部的主要工作职责是：编制河西新城区建设规划，组织实施大规模征地拆迁，组织实施基础设施和配套服务设施的建设，组织实施招商引资活动、为参与新城建设的企业提供全方位服务等。

自2002年以来，南京市政府以每年20亿的资金投入强度加紧进行河西新城的建设，经市河西建设指挥部和各区干群的艰苦努力，于2005年基本完成市委、市政府确定的“十运”前河西建设“五大板块”和“十大阶段性目标”任务，为全国第十届运动会和中国首届绿化博览会成功举办创造了条件。

2006年，是河西新城区新一轮开发建设的启动之年。市河西建设指挥部按照“完善繁荣中部、整合提升北部、规划建设南部、整治严控西部”的发展思路，加快南京会展中心、莲花经济适用房等大项目的启动建设，拉开南部建设的序幕；中央商务区建设加快，南京会展中心开工，莲花经济适用房、中低价房项目完成前期工作，已组织进场拆迁；基础设施建设取得新进展，景观绿化得到新提升，配套项目进一步完善，河西新城区新一轮建设实现了良好开局。

Development and Construction Headquarters of Nanjing Hexi New Town

后记

六朝繁盛地，千秋建邺区。

经过一年的艰辛努力，“建邺100”系列丛书的第一个成果《建邺100· 城市地标》地情图集，终于出版发行了。

2006年7月20日，南京大学城市科学研究中心主任、博士生导师张鸿雁教授在建邺区政协举办的“加快新城发展，促进经济繁荣”论坛作题为《南京河西——充满选择机会的创业热土，人与自然和谐的生态家园》演讲时，即兴提出“河西等于什么”的命题，并给出如下等式：“河西=城市森林环境+高品质现代生活+多种创业选择机会+古都与长江文化+旅游休闲会展中心”。此论略显过誉，但却正是建邺人的追求，建邺人的奋斗目标。

为服从和服务于区委、区政府工作大局，呼应配合河西新城宣传、招商引资等重点工作，区地志办在年初就策划并形成具体的工作方案，将建邺辖区地域内具有代表意义的100个地情标志点汇编成册，以图片为主，以文字为辅，逐点展示介绍，定名为《建邺100· 城市地标》。

城市地标的编纂工作具有开创性，目前在国内尚无先例可循，也无现成经验可供借鉴。区方志的工作人员在实践中摸索和积累，经过近一年的艰苦努力，终于使本书成功出版发行。以后打算每两年编纂出版一期，忠实地记载建邺区的社会发展和城市变迁，形成不间断的地情资料文本。

利用现代科技手段，广泛采集和跟踪记载本地地情，既是地方志工作部门规定性的职能之一，也是建邺区委、区政府对《地方志工作条例》精神的理解和新的探索尝试。可以预计，《建邺100· 城市地标》地情资料图集，的成功编纂发行，将能够对本区经济建设和社会事业发展起到积极的、直接的推动作用。同时，我们也希望经如同“方志”和“年鉴”一样，在地情资料书的编纂方面，创造出一种具有普遍意义的、通用的固定模式；在方志工作领域趟出一条既可产生社会效益，又可产生经济效益的新路子。

此书在编辑出版过程中得到建邺区委宣传部，南京新城科技园管委会，建邺区建设局、房产局、商务局、教育局、文化局、卫生局、体育局、旅游局，民政局、税源办、商建办、新区建设办等有关部门和区属各街道办的支持，在此一并表示感谢！

政府的职能部门，运用平面载体的形式，对城市的基本组织架构进行四维切面式的扫描，这在国内尚无先例。我们是在做一件前人没有做过的事情，这也是一场造福于后人的功德。因缘结果如何，我们拭目以待。

建邺区政府副区长

2006年12月

Postscript

Jianye witnesses rise of the six ancient dynasties, What a long history it has! After one year' s effort, the atlas of 100 City Landmarks in Jianye District, the first achievement of the series of Jianye 100, has recently come out.

On July 20th, 2006, Professor Zhang Hongyan, Director of Nanjing University City Science Research Centre, made a speech at the forum of Quickening New City' s Development and Promoting Prosperous Economy conducted by Jianye District' s Political Consultative Conference, whose title is Nanjing Hexi——an ideal ecological home full of challenges . At the forum he impromptu projected a proposition——What Hexi means and granted an equation as follows: Hexi = a city forest environment + a high quality modern life + various pioneering choices + culture of ancient capital and Changjiang River + a centre of tourism and exhibition. Great fame as his consideration is, it' s a goal that we Jianye residents have been fighting for.

To take the whole situation into account and to chime in with the key work of Hexi new city' s propaganda and attracting capital, the topology office of Jianye District schemed a practical plan at the very beginning of this year that 100 typical city marks in Jianye District would be compiled into an atlas with pictures and subsidiary words. The book was named 100 city landmarks in Jianye District , introducing 100 city landmarks one by one.

Compiling new city landmarks is pioneering work, for no precedents can be referred to, nor experience can be shared. The staff in the topology office of Jianye District have learned skills through trial and error , and got the book published successfully after one year' s effort. It is planned that an issue will appear every two years in future to produce data of land situation and account faithfully how quickly Jianye is developing.

To follow and record local changes by using modern science and technology is one of the given functions of our topology department, which is also a new trial of our local government keeping the law of Local History Work Rules. It can be estimated that publishing this atlas successfully will positively promote the development of local economy and society. Simultaneously, it' s expected that regular pattern, as chorography and yearbook go on, can be created in the field of compiling information data books, and new trails that can produce social and economic benefit should be found out.

Supports were given in editing this book by Propaganda Department, Committee of Science and Technology Garden, Construction Department , House Department, Commercial Department, Education Department, Culture Department, Health Department, Sports Department, Tourism Department,Civil Affairs Department and other departments, so we are particularly grateful to them for their help.

Local government' s functional department scans Hexi New City' s basic frame in the form of plan metric map. Such is new work that no one has tried before , which will benefit future building. We are expecting to bring forth good fruits.

Dai H

Dai Hang

Deputy Director of the People' s Government of Jianye District

Dec. 2006

《建邺 100 城市地标》

入选单位资料卡

001 新城大厦 P10–11
地址：江东中路奥体中心东大门对面
电话：025–86492393

002 紫鑫中华广场 P12–13
地址：江东中路 220 号
电话 ：025—86458900　86458910

003 南京欧洲城 P14–15
地址：江东中路 219 号
电话：025–86457777(售楼处电话)

004 仁恒国际公寓 P16–17
地址：庐山路 116 号
电话：025–52462888

005 雨润国际中心大厦 P18–19
地址：江东中路梦都大街交汇处（东南角）
电话：025–84727777

006 宋都奥体名座 P20–21
地址：奥体大街 2 号
电话：025–86467099

007 紫金西区中央 P22–23
地址：奥体大街 118 号
电话：025–83191506

008 联强国际大厦 P24–25
地址：江东中路（奥体中心东大门对面）
电话：025–86453288

009 东渡新锐大厦 P26–27
地址：庐山路 128 号
电话：025–86645398

010 中泰国际广场 P28–29
地址：江东中路 311 号
电话：025–84227955

011 嘉业国际城 P30–31
地址：黄山路 128 号
电话：025–86461919

012 南京新地中心 P32–33
地址：河西大街 87 号
电话：025–84221097

013 金奥大厦 P34–35
地址：江东中路楠溪江东路交汇处
电话 :025–84801666　84809666

014 新城科技大厦 P38–39
地址：奥体大街 69 号
电话：025–86780720　86800133

015 新城创业大厦 P40–41
地址：奥体大街 69 号
电话：025–86780720　86800133

016 中冶华天总部基地 P42–43
地址：科技园办（奥体大街 69 号）以南
电话：025–86690822　86690820

017 中国网通集团江苏省南京通信综合楼 ...P44–45
地址 ：科技园办（奥体大街 69 号）以南
电话 :025–57900483

018 南京卷烟厂 P46–47
地址：梦都大街 38 号
电话 :025–86479888

地址：雨润路 17 号
电话：025-86800888

地址：雨润路 15 号
电话：025-86800055

地址：奥体大街 69 号
电话：025-86666066

地址：泰山路 139 号
电话：025-86805996
网址：www.deltak.cn

地址：江东中路 28 号
电话：025-86492087

地址：通江路 161 号
电话：025-86383600

地址：江东南路 189 号
电话：025-86808888 （总机）

地址：水西门大街 352 号
电话：025-86531198

地址：江东中路 80 号
电话：025-85062828
网址：www.chinajinsheng.com

地址： 江东中路 76 号
电话：025-86575189

地址：江东中路 118 号
电话：025-68879105

地址：江东中路 168 号
电话：025-86408888

地址：汉中门大街 1 号
电话：025-86661120 86661109

地址：水西门大街 159 号
电话：025-86617541

地址：水西门大街 194 号
电话：025-86651047

地址：南湖东路 24 号路
电话：025-86661070（南湖公园管理办公室电话）

地址：云河路 长虹路 南湖路等
电话：025-86492156（区商业街建设办公室电话）

地址：茶亭东街 240 号
电话：025-86518580
http://www.nj_yunjin.com

地址：水西门大街 418 号
电话：025-86610931（总机）

地址：扬子江大道 88 号
电话：025-86467521 86467522

地址：滨江公园内（金陵江滨中心酒店西北 200 米）
电话：025-86492238 （区文化局群文科电话）

地址：江心洲街道东寿 78 号
电话：025-86420787

地址：莫愁湖东路 6 号
电话：025-86667128 （物管）

地址：恒山路 120 号
电话：025-84801666 84809666

《建邺 100 城市地标》

入选单位资料卡

043 瑞阳尊邸……………………P102–103
地址：水西门大街 276 号
电话：025–86503858（售楼处）

044 金马郦城……………………P104–105
地址：奥体大街 199 号
电话：025–86461898（总机）

045 双和园小区……………………P106–107
地址：雨润路 19 号
电话：025–87760010（物管）

046 云河湾花园……………………P108–109
地址：集庆门大街 36 号
电话：025–86418888（售楼处）

047 嘉业阳光城……………………P110–111
地址：黄山路 128 号
电话：025–86465699　86465698

048 苏建豪庭……………………P112–113
地址：庐山路 1 号
电话：025–86451448（物管）

049 苏建艳阳居……………………P114–115
地址：黄山路 19 号
电话：025–86466006（物管）

050 朗诗国际街区……………………P116–117
地址：河西大街 87 号
电话：025–86460666（售楼处）

051 江苏省科学历史文化中心……………P120–121
地址：梦都大街黄山路交汇处
电话：025–86462672

052 金陵图书馆新馆……………………P122–123
地址：乐山路 158 号
电话：025–84417565　86644743

053 景尚银谷文化休闲街区……………P124–125
地址：河西大街 2 号
电话：025–86800722　66677902

054 建邺区文化馆……………………P126–127
地址：南湖文体村 22 号
电话：025–86515738

055 建邺区图书馆……………………P128–129
地址：湖西街 1 号
电话：025–86531902

056 南京奥林匹克体育中心……………P130–131
地址：江东中路 222 号
电话：025–86690149

057 南京审计学院体育馆……………P132–133
地址：汉中西路 145 号
电话：025–86585313

058 南湖体育中心……………………P134–135
地址：文体西路 22 号
电话：025–86660362

059 南京市建邺医院……………………P136–137
地址：南湖路 7 号
电话：025–86613065

060 南京明基医院……………………P138–139
地址：地铁 1 号线中胜站出口
电话：025–58858800
网址：http://www.njjy.gov.cn/